하루 한 시간 한 달 완성~ 입에 착! 시험에 착!

착! 붙는 영어
독학 다시 시작하기

저 한동오

시사 Books

머리말

우리는 모두 학창 시절에 어떻게든 영어를 공부해 왔습니다. 하지만 영어가 너무 싫어서 어느 순간 포기해 버린 분이 있습니다. 아니면 해도 잘 늘지 않아서 영어 공부에 지친 분도 있습니다. 시간이 흘러 다시 영어를 해 보고 싶은데 무엇을 어떻게 해야 할지도 모르겠습니다. 시중에 책은 많지만 어떤 책이 나에게 맞는지도 잘 모르겠습니다.

그럼 손 놓았던 영어를 다시 시작하려면 어떻게 해야 할까요?

막연하게 영어를 잘해야겠다고 생각하지 말고 좀 더 구체적이고 현실적인 목표를 설정하고 그것을 달성해 가려고 노력하는 것이 필요합니다. 예를 들어 '영어 발음을 업그레이드 해 보겠다.' 혹은 '우선 기초적인 영어 회화가 가능한 수준까지 목표를 잡겠다.' 정도면 좋을 것입니다.

그러한 계획을 세운 후에 모든 공부가 그렇듯 어떤 목표를 가지든지 간에 기초를 잘 쌓는 것이 가장 중요합니다. 너무나 당연한 이야기처럼 들리지만 사실상 많은 영어 학습자가 영어의 기초 단계를 무시한 채 겉보기에만 좋아 보이는 공부 방법을 택하고 있습니다.

그래서 이러한 문제를 해결하기 위해서 이 책의 목표와 방향은 다음과 같습니다.

이 책은 한 달 과정으로 되어 있지만 한 달 만에 엄청난 실력 향상을 목표로 하지 않습니다.

한 달이라는 기간 동안 생 기초에서 중급의 시작 지점까지 가는 것이 목표입니다. 재미있는 사실은 이 정도만 돼도 영어를 잘한다는 말을 듣기 시작한다는 것입니다.

이 책의 방향은 꼭 필요한 기초를 다지면서, 영어의 원리의 핵심에 접근한다는 것입니다. 즉, 흩어져 있는 파편을 모으듯 학습하지 않고 정말 중요한 부분에 집중한다는 것입니다. 더불어 모든 단계가 영어 회화에 초점을 맞추고 있습니다. 또 너무 무리하지도 않습니다. 다시 말해 학습자가 지루하지 않게 공부할 수 있는 적합한 양이라는 것입니다. 내용이 아무리 많고 좋아도 공부하는 당사자가 소화하지 못하면 무용지물이기 때문입니다.

이 책을 완전히 정복할 때까지 반복 학습한다면 여러 권의 다른 책을 한 번씩 보는 것보다 더 큰 효과를 보게 될 것입니다. 영어를 다시 시작하는 분들의 의견을 수렴해서 집필되었다는 점을 알려드리며 이 책이 여러분의 영어 실력을 업그레이드시키는 좋은 지침서가 되길 간절히 바랍니다.

- 저자 씀 -

구성 및 활용

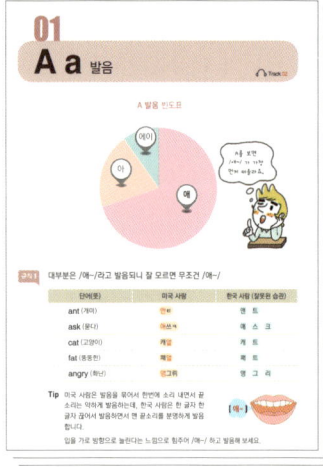

STEP 1
준비 과정
발음을 교정하면
자신감이 생겨요!

STEP 2
기초 과정
기초 단어만 알아도
회화가 돼요!

STEP 3
기본 과정
단어를 연결하여 문장
의 원리 터득!

STEP 4
활용 과정
패턴만 알면 웬만한
회화는 OK!

1. 정리

[정리] 부분을 통해 앞에서 배운 내용을 바로 바로 익힐 수 있습니다. 특히 원어민 발음을 들으며 정해진 10회를 모두 따라 읽으면서 연습하면 발음도 좋아지고, 회화 연습도 충분히 할 수 있습니다.

2. 총정리

각 STEP별로 총정리를 통해 무엇을 배웠는지 다시 한 번 정리하였습니다. 핵심 내용이 무엇이었는지를 파악하면 앞에서 배운 내용을 좀 더 이해하기 쉬울 것입니다. 총정리를 통해 입에 착~ 붙을 때까지 연습하는 것을 잊지 마세요.

3. 7번 쓰기

STEP4에서 [7번 쓰기] 공간을 마련하였습니다. 직접 배운 표현을 써 보면서 확실하게 배운 내용을 익힐 수 있습니다. 필수 회화 패턴 연습을 꾸준하게 하다 보면 영어로 말할 수 있는 실력이 저절로 향상될 것입니다.

구성 및 활용

부록으로 '로마자 한글 표기'에 따른 영어 이름 쓰는 방법과 우리가 흔히 사용하고 있는 콩글리쉬의 올바른 표현을 제시하였습니다.

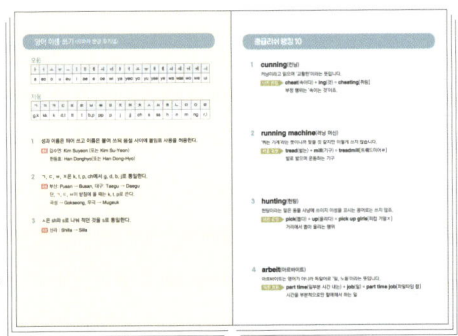

부록 2 부록으로 여행 회화에 필요한 단어와 필수 표현, 그리고 여행 한영 사전을 수록하였습니다.

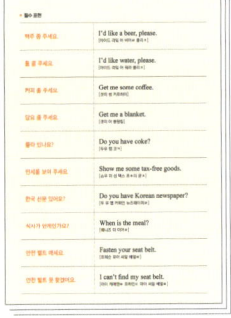

알아두기

1. 발음을 표현하는 부분에서 주로 끝에 ㅌ나 ㅂ처럼 자음만 들어간 것은 아주 약하게 읽으라는 뜻입니다. 예를 들어 ant(개미)의 발음 [앤ㅌ]는 [앤]을 강하게 읽고 끝소리로 [ㅌ] 소리를 내되 아주 약하게 발음하라는 뜻입니다.

2. 빨간색으로 써 있는 글자는 모두 빨간 셀로판지를 사용해서 반복 연습하는 부분입니다. 스스로 점검을 하는 곳이죠. 여러 번 연습하는 것이 중요하니 좀 번거로워도 꼭 따라해 보세요.

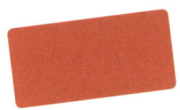
● 학습도우미 셀로판지
단어, 발음, 영어 문장 및 예문 해석 등을 가리고 혼자 읽기 연습을 할 수 있도록 암기용 셀로판지를 준비해 놓았습니다.

● MP3 QR
알파벳 발음부터 회화 필수 단어, 회화 필수 문장, 그리고 회화 필수 패턴까지 원어민의 음성으로 듣기 연습을 할 수 있으며, 이를 따라하면서 영어 회화의 자신감을 기를 수 있습니다.

● 팟캐스트 강의 및 무료 동영상 강의
팟캐스트에서 저자의 해설 강의를 통해 혼자서도 거뜬히 영어 공부를 할 수 있습니다. 또한 시사북스 홈페이지에서 무료 동영상 강의를 통해 저자의 꼼꼼하고 자세한 설명을 들을 수 있습니다.

무료 동영상 · 팟캐스트 자료 활용하기

1 시사북스 홈페이지(www.sisabooks.com)에서 **착붙는 영어**로 검색한 다음 도서 정보 하단의 동영상 코너에서 볼 수 있습니다.

2 유튜브에서 **착붙는 영어**로 검색하여 동영상을 볼 수 있습니다.

3 팟빵 팟캐스트에서 **착붙는 영어**로 검색하여 들을 수 있습니다.

4 **착붙는 영어** 교재 표지에 있는 QR 코드를 찍어 MP3 파일을 들을 수 있습니다.

목차

머리말   3
구성 및 활용   4
공부 계획표   10
알파벳   11

STEP 1 준비 과정

01~26 A~Z 발음   14
총정리   62

STEP 2 기초 과정

27 기초 회화에서 꼭 나오는 단어 I   66
28 기초 회화에서 꼭 나오는 단어 II   68
29 비행기에서 꼭 나오는 단어   70
30 공항에서 꼭 나오는 단어 I   72
31 공항에서 꼭 나오는 단어 II   74
32 쇼핑할 때 꼭 나오는 단어   76
33 식당에서 꼭 나오는 단어   78
34 호텔에서 꼭 나오는 단어   80
35 관광할 때 꼭 나오는 단어   82
36 교통 이용할 때 꼭 나오는 단어   84
총정리   86

STEP 3 기본 과정

37 주어와 동사의 만남   90
38 난 갈 거야.   94
39 난 가야 해.   98
40 나 안 가.   102
41 나는 공원에 가.   106
총정리   110

42 나는 키가 커.   112
43 나는 키 안 커.   116
44 나 가수야.   120
45 나 가수였어.   124
46 내가 가수니?   128
총정리   132

47 난 책을 좋아해.   134
48 난 책을 좋아했어.   138
49 내가 책을 좋아해?   142
50 난 책 읽는 것을 좋아해. I   146
51 난 책 읽는 것을 좋아해. II   150
총정리   154

52 난 네게 꽃을 줬어.   156
53 난 앉아 있는 널 봤어.   160
총정리   164

STEP 4 활용 과정

54 I'm sorry ~   168
55 I'm afraid ~   170
56 I can't ~   172
57 I'm going to ~   174
58 I'm looking for ~   176
59 I'll ~   178
60 I'll have ~   180
61 I won't ~   182
62 I have ~   184
63 I have to ~   186
64 I'd like ~   188
65 I'd like to ~   190
66 Let me ~   192
총정리   194

67 What?   196
68 How?   198
69 Why?   200
70 Where?   202
71 When?   204
72 Can I ~?   206
73 Can I have ~?   208
74 Can I use ~?   210
75 Can you ~?   212
총정리   214

부록

영어 이름 쓰기(로마자 한글 표기법)   218
콩글리쉬 랭킹 10   219
여행 영어 회화   222
여행 한영 사전   238

공부 계획표

DAY	Unit	DAY	Unit	DAY	Unit	DAY	Unit
1	01~04	8	27~29	15	45~46 총정리	22	63~65
2	05~08	9	30~32	16	47~49	23	66 총정리
3	09~12	10	33~35	17	50~51 총정리	24	67~69
4	13~16	11	36 총정리	18	52~53 총정리	25	70~72
5	17~20	12	37~39	19	54~56	26	73~75 총정리
6	21~24	13	40~41 총정리	20	57~59		
7	25~26 총정리	14	42~44	21	60~62		

알파벳 🎧 Track 01

A a 에이 /애/	**B b** 비 /브/	**C c** 씨 /크/	**D d** 디 /드/
E e 이 /에/	**F f** 에프 /프ㅎ/	**G g** 쥐 /그/	**H h** 에이취 /흐/
I i 아이 /이/	**J j** 줴이 /즈/	**K k** 케이 /크/	**L l** 엘 /르/
M m 엠 /므/	**N n** 엔 /느/	**O o** 오우 /아/	**P p** 피이 /프/
Q q 큐우 /쿠워/	**R r** 알 /뤄/	**S s** 에스 /쓰/	**T t** 티 /트/
U u 유 /어/	**V v** 비이 /브/	**W w** 더블유 /우/	**X x** 엑쓰 /크쓰/
Y y 와이 /이/	**Z z** 지이 /즈/		

난 발음이 좀 그래서 엄두가 안나..

Step 1
준비 과정

영어를 배울 때 자심감은 필수입니다.
그 자신감을 살리는 첫 단계가 발음이죠.
발음에서 막히거나 확신이 없으면 점점 위축되고 말지요.
이번에 발음을 확실히 교정해서 자신감을 찾자고요.

영어를 다시 시작하는 여러분
발음 공부부터 합시다!

정확한 발음으로 자신감을 높인다!
맨날 헷갈리는 발음 한번에 날려 버린다!

01

A a 발음

A 발음 빈도표

규칙 1 대부분은 /애~/라고 발음되니 잘 모르면 무조건 /애~/

단어(뜻)	미국 사람	한국 사람 (잘못된 습관)
ant (개미)	앤트	앤 트
ask (묻다)	애쓰크	애 스 크
cat (고양이)	캐애트	캐 트
fat (뚱뚱한)	패애트	패 트
angry (화난)	앵그뤼	앵 그 리

Tip 미국 사람은 발음을 묶어서 한번에 소리 내면서 끝소리는 약하게 발음하는데, 한국 사람은 한 글자 한 글자 끊어서 발음하면서 맨 끝소리를 분명하게 발음합니다.

입을 가로 방향으로 늘린다는 느낌으로 힘주어 /애~/ 하고 발음해 보세요.

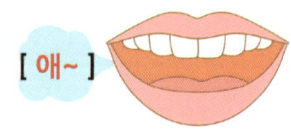

규칙 2 A 다음에 R이면 R /아알/

단어(뜻)	미국 사람	한국 사람 (잘못된 습관)
art (예술)	아알트	알 트
article (글, 기사)	아알이클	알 티 클
March (3월)	마아알취	마 알 치
far (거리가 먼)	파아알	파

Tip 미국 사람은 AR을 /아알/이라고 발음하고 한국 사람은 /알/이라고 발음합니다.
A 다음에 R이 나오면 그냥 R /아알/만 발음하면 됩니다.

규칙 3 맨 뒤에 모음(A, E, I, O, U)이 있으면 알파벳 소리 그대로 /에이/

단어(뜻)	미국 사람	한국 사람 (잘못된 습관)
make (만들다)	매이크	매 이 크
cake (케이크)	캐이크	캐 이 크
tomato (토마토)	터매이로우	토 마 토
Asia (아시아)	애이시아	아 시 아

Tip 1 맨 뒤에 모음이 있으면 발음을 길게 늘리는 경향이 있어요. 그래서 A의 가장 긴 발음 /에이/가 되는 겁니다.

2 기타 발음도 있지만 일일이 규칙을 만들어 외우지 말고 그때그때 익히는 것이 바람직합니다.

정리 빈칸을 채워 보세요.

1. 잘 모르면 가장 많이 발음되는 [   ]로 하자.
2. AR이 들어가면 그냥 R [   ] 발음
3. 맨 뒤에 모음이 나오면 알파벳 발음 그대로 [   ]
4. 원어민 발음을 듣고 큰 소리로 따라 읽은 후에 아래 횟수에 ✓ 표시하세요.

| 1번 | 2번 | 3번 | 4번 | 5번 | 6번 | 7번 | 8번 | 9번 | 10번 |

분발하세요. / 잘하고 있네요. / 완전최고

준비 과정 15

02 B b 발음

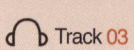

B 발음 빈도표

규칙 1 입술 사이에서 소리가 터지듯이 /브/라고 발음

단어(뜻)	미국 사람	한국 사람 (잘못된 습관)
bat (박쥐, 야구 방망이)	뱉	배 트 / 빼 트
bell (종)	베어얼	벨
best (최고)	베스트	베 스 트
gamble (도박)	갬버얼	갬 블
rub (문지르다)	뤕ㅂ	러 브

Tip 윗입술과 아랫입술을 안으로 살짝 모았다가 터뜨리듯이 /브~/ 하고 발음해 보세요. 이때 목이 울립니다.

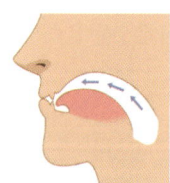
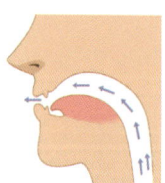

규칙 2 B가 발음되지 않는 경우

M 뒤

단어(뜻)	미국 사람	한국 사람 (잘못된 습관)
comb (빗)	코우움	콤 / 콤 브
tomb (무덤)	투움	톰 / 톰 브
bomb (폭탄)	바암	봄 / 봄 브
lamb (양)	램	람 / 램 브

T 앞

단어(뜻)	미국 사람	한국 사람 (잘못된 습관)
debt (빚)	데에ㅌ	데 브 트
doubt (의심)	다우ㅌ	다 우 브 트

Tip 'M + B' 또는 'B + T' 이면 B가 소리가 나지 않습니다. 이 경우 B를 '묵음'이라고 합니다.

정리 빈칸을 채워 보세요.

1. 입술을 모았다가 터뜨리면서 [   ]
2. 'M + B'에서 B는 [   ]
3. 'B + T'에서 B는 [   ]
4. 원어민 발음을 듣고 큰 소리로 따라 읽은 후에 아래 횟수에 ✓ 표시하세요.

분발하세요. | 잘하고 있네요. | 완전최고
1번 2번 3번 4번 5번 6번 7번 8번 9번 10번

03
C c 발음

C 발음 빈도표

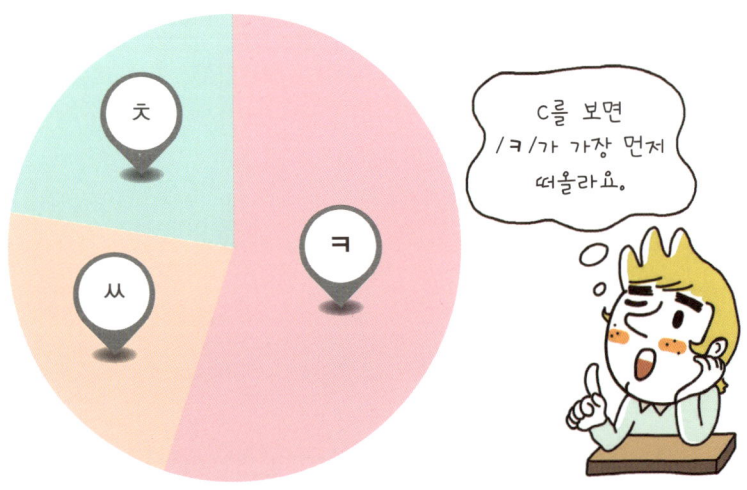

| 규칙1 | 대부분은 /크/라고 발음되니 잘 모르면 무조건 /크/ |

단어(뜻)	미국 사람	한국 사람 (잘못된 습관)
candle (양초)	캔드얼	캔 들
crazy (미친)	크뤠이지	크 레 이 지
company (회사)	컴퍼니	콤 패 니
college (대학)	칼뤄지	칼 리 지
cute (귀여운)	큐웉	큐 트

Tip C 다음에 A, O, U가 오면 /크/ 발음이 납니다.
턱을 당긴다는 느낌으로 목구멍에서부터 /크/ 하고 소리 내 보세요.

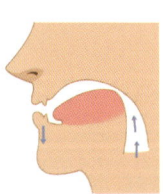

규칙 2 C 다음에 E나 I가 오면 /ㅆ/

단어(뜻)	미국 사람	한국 사람 (잘못된 습관)
cell (세포)	쎄어ㄹ	셀
center (중앙)	쎄너ㄹ	센 터
circus (서커스)	써ㄹ키스	서 커 스
city (도시)	씨리	시 티

Tip 미국 사람은 쌍시옷에 가깝게 발음하고 한국 사람은 시옷에 가깝게 발음합니다.

규칙 3 CH는 주로 /ㅊ/로 발음되고 드물게 /ㅋ/로도 발음

단어(뜻)	미국 사람	한국 사람 (잘못된 습관)
chair (의자)	췌어ㄹ	체 어
chance (기회)	췐스	찬 스
check (점검하다)	췌에ㅋ	체 크
cholera (콜레라)	칼러라	콜 레 라

Tip CH가 /ㅋ/로 발음되는 경우는 많지 않으니 /ㅊ/로 기억하면 편합니다.

정리 빈칸을 채워 보세요.

1. 잘 모르면 가장 많이 발음되는 [　　]로 하자.
2. C 다음에 E나 I 가 오면 [　　　]
3. CH는 대부분 [　　]
4. 원어민 발음을 듣고 큰 소리로 따라 읽은 후에 아래 횟수에 ✔ 표시하세요.

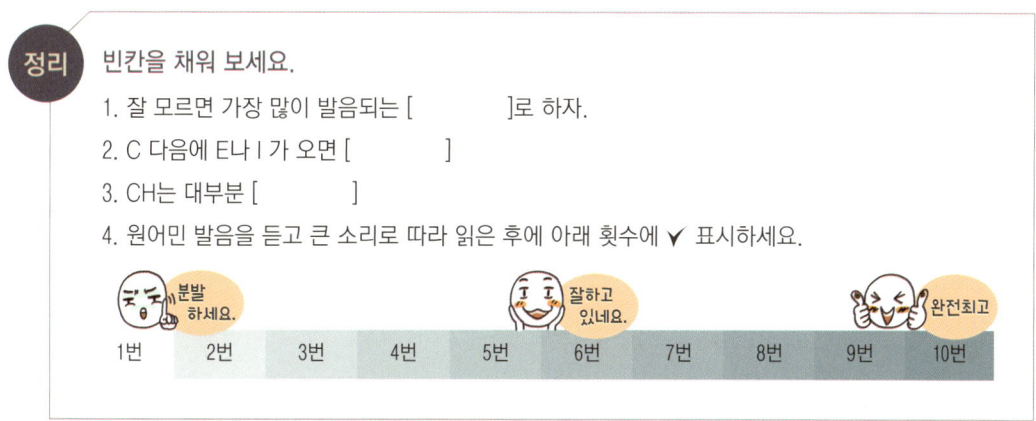

04 D d 발음

Track 05

D 발음 빈도표

D는 아주 약한 소리예요.

규칙 1 혀를 입천장 맨 앞부분에 대고 /드/라고 발음

단어(뜻)	미국 사람	한국 사람 (잘못된 습관)
dad (아빠)	대애ㄷ	대 드
David (데이빋: 이름)	대이빋	데 이 비 드
desk (책상)	데에스ㅋ	데 스 크
and (그리고)	앤ㄷ	앤 드
sand (모래)	쌘ㄷ	샌 드
sad (슬픈)	쌔애ㄷ	새 드

Tip D가 맨 끝에 오는 경우는 아주 약하게 발음해야 합니다. 절대로 강하게 발음하지 마세요.

혀를 입천장 앞 부분(앞니 바로 뒤)에 대고 목에서부터 바람을 내보내듯 /드/ 하고 소리 내 보세요.

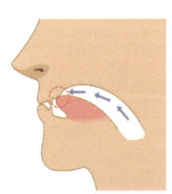

규칙 2 D가 모음 사이에 끼면 /ㄹ/ 소리로 남

단어(뜻)	미국 사람	한국 사람 (잘못된 습관)
everybody (모두)	에브뤼바리	에 브 리 바 디
model (모델)	(음)마를	모 델
nobody (아무도~아닌)	(음)노우바리	노 바 디
ready (준비된)	뤠리	레 디

Tip D 소리는 워낙 약하기 때문에 툭하면 소리가 바뀌어요. 위의 경우는 부드러운 모음 때문에 같이 부드러워지는 거지요. 그래서 굴러 가는 소리인 /ㄹ/로 변한 겁니다.

규칙 3 단어가 '~ND'로 끝나고 단어가 이어지면 D 발음은 생략

단어(뜻)	미국 사람	한국 사람 (잘못된 습관)
grandfather (할아버지)	그뤤파아더ㄹ	그 랜 드 파 더
grandmother (할머니)	그뤤마더ㄹ	그 랜 드 마 더
sandwich (샌드위치)	쌔앤위치	샌 드 위 치

정리 빈칸을 채워 보세요.

1. 혀를 입천장 맨 앞부분에 대고 [   ]
2. D가 모음 사이에 끼면 [   ]
3. ND로 끝나고 단어가 이어지는 D 발음은 [   ]
4. 원어민 발음을 듣고 큰 소리로 따라 읽은 후에 아래 횟수에 ✔ 표시하세요.

분발하세요. 잘하고 있네요. 완전최고

1번 2번 3번 4번 5번 6번 7번 8번 9번 10번

05 E e 발음

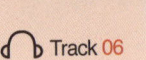

E 발음 빈도표

| 규칙 1 | E에 힘주어 읽을 때는 /에/ |

단어(뜻)	미국 사람	한국 사람 (잘못된 습관)
évery (모든)	에브뤼	에 브 리
élephant (코끼리)	엘뤄펀ㅌ	엘 리 펀 트
égg (달걀)	에에ㄱ	에 그
élevator (엘리베이터)	엘뤄베이러	엘 리 베 이 터
béd (침대)	베에드	베 드
lémon (레몬)	레에먼	레 몬

Tip E에 힘이 들어갈 때, 즉 악센트(강세)가 들어갈 때 /에/라고 발음합니다.

힘을 주지만 입을 많이 벌리지는 말고 /에/ 해 보세요.
힘을 좀 빼고 입을 좀 더 벌려서 /이/ 해 보세요.

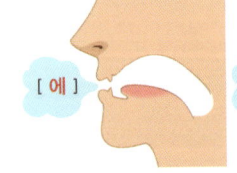
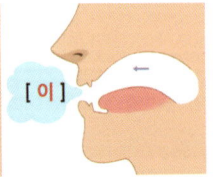

규칙 2 E에 힘 안 주고 읽을 때는 /이/

단어(뜻)	미국 사람	한국 사람 (잘못된 습관)
enjóy (즐기다)	인줘오이	엔 조 이
expláin (설명하다)	익스쁠래인	익 스 플 레 인
excúse (변명)	익스큐우즈	익 스 큐 즈
evening (저녁)	입으닝	이 브 닝

Tip enjoy, explain 같은 동사는 보통 악센트가 뒤에 오니까 첫 글자인 E를 약하게 /이/라고 읽는 경우가 많아요.

규칙 3 단어 끝 E는 묵음

단어(뜻)	미국 사람	한국 사람 (잘못된 습관)
cave (동굴)	케에이ㅂ	케 이 브
like (좋아하다)	라잌	라 이 크
safe (안전한)	쌔이ㅍㅎ	세 이 프

Tip safe의 발음에서 /ㅍㅎ/이라고 표기한 것은 /ㅍ/과 /ㅎ/ 중간 정도로 발음한다는 뜻입니다. 자세한 내용은 F 발음에서 확인하세요.

정리 빈칸을 채워 보세요.

1. E에 힘이 들어가면(강세가 오면) [   ]
2. E에 힘이 안 들어가면(강세가 안 오면) [   ]
3. 단어 끝에 오는 E는 [   ]이다.
4. 원어민 발음을 듣고 큰 소리로 따라 읽은 후에 아래 횟수에 ✔ 표시하세요.

분발하세요. 잘하고 있네요. 완전최고

1번 2번 3번 4번 5번 6번 7번 8번 9번 10번

06 F f 발음

🎧 Track 07

F 발음 빈도표

| 규칙 1 | 윗니로 아랫입술을 살짝 물고서 /프흐/ 하고 바람 소리 내기 |

단어(뜻)	미국 사람	한국 사람 (잘못된 습관)
face (얼굴)	프흐에이스	페 이 스
father (아버지)	프하더ㄹ	파 덜
fact (사실)	프흐엑트	팩 트
finger (손가락)	프힝거ㄹ	핑 거
coffee (커피)	커어프히	커 피
office (사무실)	아프히스	오 피 스

Tip F는 우리말의 /프/처럼 두 입술로 내는 소리가 아니에요. 이 사이로 빠져 나오는 바람 소리죠. 많이 헷갈리는 발음이니까 여러 번 연습해 보세요.

윗니로 아랫입술을 살짝 물고서 이 사이로 '프흐' 하며 바람을 내보내 보세요.

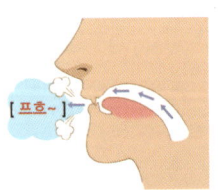

규칙 2 F가 끝에 오면 바람 새는 소리만

단어 (뜻)	미국 사람	한국 사람 (잘못된 습관)
leaf (잎)	리이(ㅍㅎ)	리 프
staff (직원)	스때애(ㅍㅎ)	스 태 프
self (자신)	세얼(ㅍㅎ)	셀 프
wolf (늑대)	우얼(ㅍㅎ)	울 프
beef (소고기)	비이(ㅍㅎ)	비 프

Tip 1 F가 끝에 오는 경우에 절대로 /프/라고 읽지 마세요. 바람이 새는 소리만 살짝~

2 흔히 F와 P를 우리말로 'ㅍ'으로 표기하기 때문에 헷갈려 하는데요. 미국 사람들한테 물어보면 두 발음은 완전히 다른 발음이고 전혀 헷갈리지도 않는다고 합니다. 우리도 그렇게 되려면 우선 F와 P가 둘 다 무조건 'ㅍ(피읖)'이라는 생각부터 버려야겠죠? 열심히 연습해서 이제는 헷갈리지 말자고요!

  정리 빈칸을 채워 보세요.

1. F 발음은 윗니로 아랫입술을 살짝 물고서 [　　　] 하고 내는 바람 소리
2. F가 끝에 오면 /프/ 하지 말고 [　　]만 살짝
3. 원어민 발음을 듣고 큰 소리로 따라 읽은 후에 아래 횟수에 ✓ 표시하세요.

1번	2번	3번	4번	5번	6번	7번	8번	9번	10번
분발하세요.				잘하고 있네요.				완전최고	

07

G g 발음

G 발음 빈도표

> 규칙 1 — 대부분은 /그~/라고 발음되니 잘 모르면 무조건 /그~/

단어(뜻)	미국 사람	한국 사람 (잘못된 습관)
game (게임)	게에음	게 임
gas (기체)	개애ㅅ	가 스
grammar (문법)	그뤠머ㄹ	그 래 머
green (녹색)	그뤼인	그 린
mug (머그잔)	(음)머어ㄱ	머 그

Tip G 발음은 우리말의 /그/와 비슷하지만 조금 달라요. /그/와 /끄/ 사이의 발음이라고 생각하면 됩니다.

깊은 곳에서부터 소리를 끌어낸다고 생각하면서 /그~/라고 해 보세요. 그리고 입을 조금 내밀면서 가볍게 /즈~/라고 해 보세요.

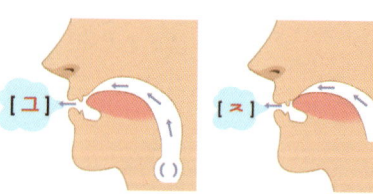

규칙 2 G 뒤에 E, I, Y가 뒤에 오면 /즈/

단어(뜻)	미국 사람	한국 사람 (잘못된 습관)
angel (천사)	에인저ㄹ	엔 젤
gentle (온화한)	젠트어ㄹ	젠 틀
digital (디지털의)	디지러ㄹ	디 지 털
giant (거인)	좌아이언트	자 이 언 트
gym (체육관)	쥐이엄	짐
gypsy (집시)	쥡씨	집 시

Tip G 다음에 I가 온다고 무조건 /즈/ 발음은 아니에요. 예외적으로 /그/ 발음이 나는 경우도 있어요.

예 gift(선물) [기프흐ㅌ]   girl(소녀) [거어ㄹ]

헷갈리시죠? 규칙과 예외를 다 외우지 말고요. 단어를 여러 번 듣고 읽으면서 자연스럽게 발음에 익숙해지세요. 그러면 굳이 안 외워도 됩니다. 그 방법이 더 나아요!

정리 빈칸을 채워 보세요.

1. 대부분은 [   ]라고 발음되니 잘 모르면 무조건 [   ]
2. G 뒤에 E, I, Y가 뒤에 오면 [   ]
3. 원어민 발음을 듣고 큰 소리로 따라 읽은 후에 아래 횟수에 ✔ 표시하세요.

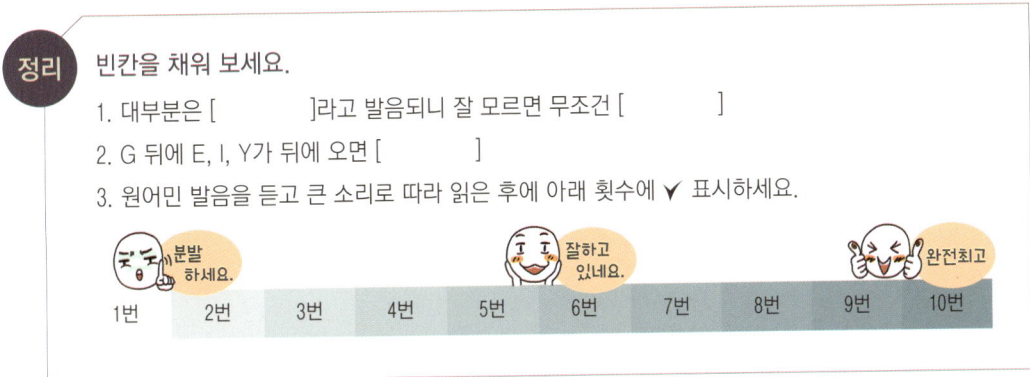

준비 과정

08
H h 발음

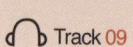 Track 09

H 발음 빈도표

규칙 1 대부분은 /흐 ~/라고 발음

단어(뜻)	미국 사람	한국 사람 (잘못된 습관)
habit (습관)	해빝	해 비 트
hand (손)	해앤ㄷ	핸 드
hat (모자)	해ㅌ	해 트
help (도와주다)	헤얼ㅍ	헬 프
hot (뜨거운)	하ㅌ	호 트
hotel (호텔)	호테어ㄹ	호 텔

Tip hand처럼 D가 맨 끝에 오면 아주 약하게 읽는 거 기억하고 있죠? 입을 편하게 하고서 /흐/ 하고 바람을 내보내 보세요.

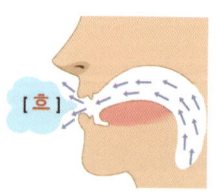

규칙 2 H가 발음되지 않은 경우

O 앞

단어(뜻)	미국 사람	한국 사람 (잘못된 습관)
hour (시간)	아우워ㄹ	아 워
honest (정직한)	아니스트	아 니 스 트
ghost (유령)	고우스트	고 스 트

P 뒤

단어(뜻)	미국 사람	한국 사람 (잘못된 습관)
dolphin (돌고래)	다알프힌	돌 핀
nephew (남자 조카)	(음)네퓨후	네 퓨
phone (전화)	포호온	폰

W 뒤

단어(뜻)	미국 사람	한국 사람 (잘못된 습관)
white (하얀)	와이트	화 이 트
what (무엇)	왙	홧

Tip 1 사실 white나 what을 영국 사람은 /화읱/, /홧/이라고 발음해요. 미국에서는 H가 약해지는 추세인 반면 영국은 아직 발음이 남아 있는 거죠.

2 규칙을 다 외우려 하지 말고 여러 번 읽어서 익숙해지세요.

정리 빈칸을 채워 보세요.

1. 대부분은 [　　　]라고 발음
2. O 앞, P 뒤, W 뒤에서는 [　　　]
3. 원어민 발음을 듣고 큰 소리로 따라 읽은 후에 아래 횟수에 ✔ 표시하세요.

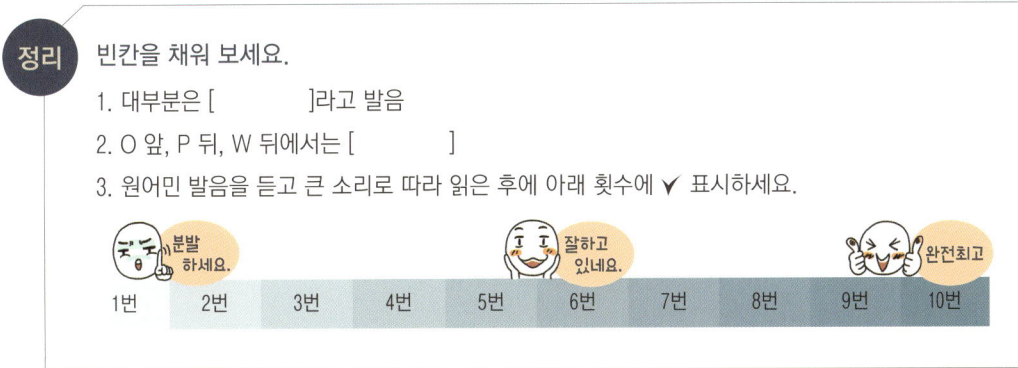

09 I i 발음

🎧 Track 10

I 발음 빈도표

I를 보면 /이/가 가장 먼저 떠올라요.

규칙 1 대부분은 /이/라고 발음되니 잘 모르면 무조건 /이/

단어(뜻)	미국 사람	한국 사람 (잘못된 습관)
ill (아픈)	이어ㄹ	일
image (이미지)	이미쥐	이 미 지
insect (벌레)	인섹ㅌ	인 섹 트
kid (아이)	킫	키 드
hit (때리다)	힡	히 트
kiss (키스)	킷ㅅ	키 스

Tip 영어는 한번에 발음하면서 끝소리는 약하게 해야 한다는 것 다시 한번 기억합시다.

입을 작게 벌리고 턱을 아래로 당기세요. 약간 /에/에 가까운 소리로 짧게 /이/ 해 보세요.

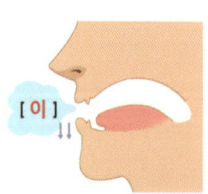

규칙 2 단어 끝에 E가 올 때 /아이/

단어(뜻)	미국 사람	한국 사람 (잘못된 습관)
ice (얼음)	아이스	아 이 스
wide (넓은)	와아이ㄷ	와 이 드
bike (자전거)	빠이크	바 이 크
like (좋아하다)	라읶	라 이 크

Tip bike(자전거)는 B를 강하게 읽어 ㅃ(쌍비읍) 발음이 납니다.

정리 빈칸을 채워 보세요.

1. 대부분은 [   ]
2. 단어 끝에 E가 들어가면 [   ]
3. 원어민 발음을 듣고 큰 소리로 따라 읽은 후에 아래 횟수에 ✔ 표시하세요.

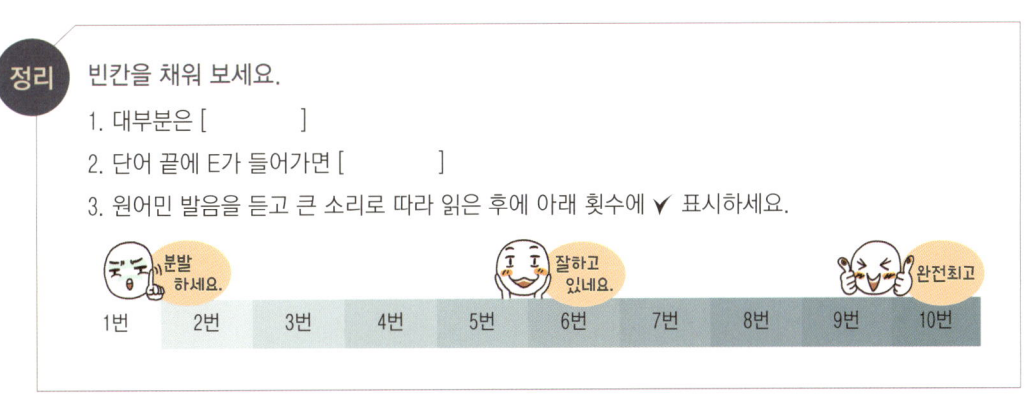

10 J j 발음

Track 11

J 발음 빈도표

100%는 처음 나왔네요!

규칙 1 100% /쥬/

단어(뜻)	미국 사람	한국 사람 (잘못된 습관)
jam (잼)	줴에엠	쨈
jail (감옥)	줴이얼	제 일
jean (청바지)	쥐이인	진
job (직업)	쥐아압	잡
joke (농담)	쥬오우ㅋ	조 크
jungle (정글)	줭그어ㄹ	정 글

Tip D 발음할 때처럼 입천장 끝에 혀를 대고 살짝 떼면서 /쥬/ 해 보세요.

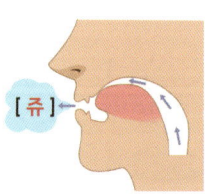

[쥬]

규칙 2 이럴 때도 /쥬/ 소리가 난다

표현	미국 사람	한국 사람 (잘못된 습관)
did you /쥬/	디쥬	디 드 유
would you /쥬/	우쥬	우 드 유
could you /쥬/	쿠쥬	쿠 드 유

Tip D와 Y가 만나면 /쥬/ 소리가 납니다. 이것을 연음 소리라고 해요. 미국 사람은 거의 99% 연음으로 소리를 낸답니다.

정리 빈칸을 채워 보세요.

1. 100% [　　　]
2. D + Y 일 때도 [　　　]
3. 원어민 발음을 듣고 큰 소리로 따라 읽은 후에 아래 횟수에 ✔ 표시하세요.

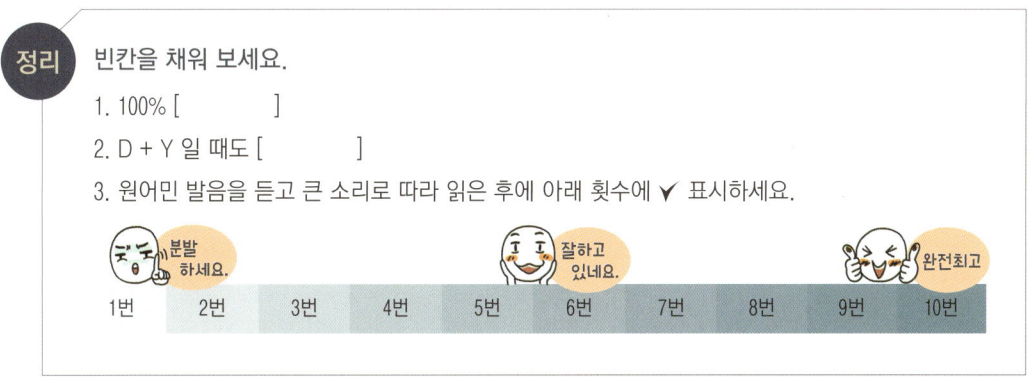

11 K k 발음

Track 12

K 발음 빈도표

묵음

크

K를 보면 /크/가 가장 먼저 떠올라요.

규칙 1 대부분은 /크/라고 발음되니 잘 모르면 무조건 /크/

단어(뜻)	미국 사람	한국 사람 (잘못된 습관)
kettle (주전자)	케를	케 틀
key (열쇠)	키이이	키
kick (차다)	킼	키 크
kill (죽이다)	키어ㄹ	킬
kitchen (부엌)	킽췬	키 친
kite (연)	카이ㅌ	카 이 트

Tip kite에서 I가 왜 /아이/로 발음 나는지 기억나세요? 맨 뒤에 E 때문이라는 것을 확인하세요.

우리말 /크/와 비슷하게 발음하면 됩니다. 목에서부터 나는 소리로 짧게 /크/ 해 보세요.

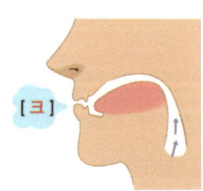

[크]

규칙 2 뒤에 N이 오면 묵음

단어(뜻)	미국 사람	한국 사람 (잘못된 습관)
knee (무릎)	니이이	니
knife (칼)	나이ㅍ	나 이 프
knight (기사)	나이ㅌ	나 이 트
knock (노크하다)	낙ㅋ	노 크
know (알다)	노오우	노

Tip 1 knight(기사)는 '아라비안 나이트'의 그 '나이트'입니다. K가 묵음이 되어서 night(밤) 과 발음이 같아요.

2 K와 N이 붙어 있는 단어는 많지 않으니까 위에 있는 단어를 최대한 많이 읽으면서 연 습하세요.

정리 빈칸을 채워 보세요.

1. 대부분은 [   ]
2. 뒤에 N이 오면 [   ]
3. 원어민 발음을 듣고 큰 소리로 따라 읽은 후에 아래 횟수에 ✓ 표시하세요.

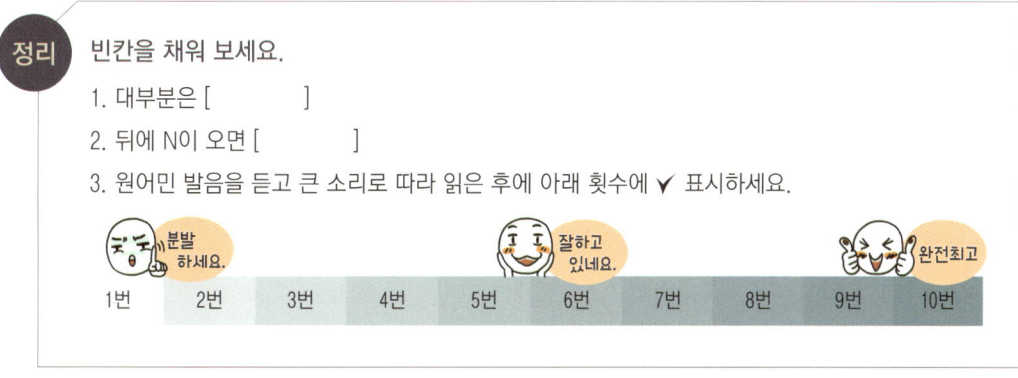

12 L l 발음

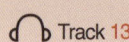

L 발음 빈도표

규칙 1 L이 단어 처음에 나오면 /르/

단어(뜻)	미국 사람	한국 사람 (잘못된 습관)
land (땅)	랜ㄷ	랜 드
language (언어)	랭귀이지	랭 기 지
large (큰)	라아ㄹ쥐	라 지
letter (편지)	레럴	레 털
little (작은)	리를	리 틀
lunch (점심)	런취	런 치

Tip 혀를 앞으로 쭉 뺀다는 느낌으로 발음해 보세요.
혀를 앞니 뒤에 갖다 대세요.
혀를 살짝 밀어내면서 /르/, /얼/ 하고 발음해 보세요.

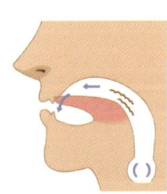

규칙 2 L이 단어 끝이나 끝에서 두 번째에 나오면 /얼/

단어(뜻)	미국 사람	한국 사람 (잘못된 습관)
milk (우유)	(음)미얼ㅋ	밀 크
silk (비단)	씨얼ㅋ	실 크
kneel (무릎을 꿇다)	니이얼	닐
oil (기름)	오이얼	오 일
mineral (미네랄)	(음)미너러얼	미 네 랄

Tip kneel(무릎)에서 K와 N이 붙어 있는 경우 K가 묵음인 거 기억하시죠?

규칙 3 A 다음에 L은 묵음

단어(뜻)	미국 사람	한국 사람 (잘못된 습관)
walk (걷다)	워어ㅋ	워 크
talk (말하다)	터어ㅋ	터 크
almond (아몬드)	아먼드	아 몬 드
salmon (연어)	쌔애먼	샐 몬

Tip walk(걷다)는 L이 묵음이어서 /워어ㅋ/가 되고 비슷한 단어인 work(일하다)는 /월ㅋ/라고 발음합니다.

정리 빈칸을 채워 보세요.

1. L이 단어 처음에 나오면 [   ]
2. L이 단어 끝이나 끝에서 두 번째에 나오면 [   ]
3. A 다음에 나오는 L은 [   ]
4. 원어민 발음을 듣고 큰 소리로 따라 읽은 후에 아래 횟수에 ✓ 표시하세요.

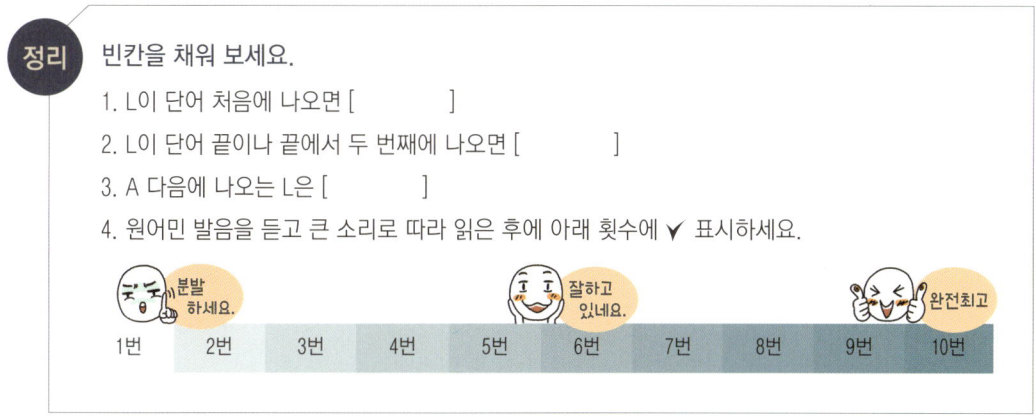

13
M m 발음

Track 14

M 발음 빈도표

규칙 1 100% /(음)므/

단어(뜻)	미국 사람	한국 사람 (잘못된 습관)
map (지도)	(음)맵	맵
mail (메일)	(음)메이어ㄹ	메 일
must (~해야 한다)	(음)머스ㅌ	머 스 ㅌ
farm (농장)	ㅍ하ㄹ음	팜
game (게임)	게에음	게 임
ham (햄)	해애음	햄

Tip /(음)므/라고 쓴 것은 먼저 입술을 모으면서 /음~/ 하고 소리를 내다가 /므/라고 발음하라는 뜻입니다.

입술을 약간 안쪽으로 만다는 느낌으로 서로 붙이세요. 콧소리로 /음~/ 하다가 /므/ 하고 발음해 보세요.

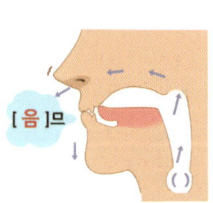

14

N n 발음

Track 14

N 발음 빈도표

N도 콧소리~

규칙 1 100% /(음)느/

단어(뜻)	미국 사람	한국 사람 (잘못된 습관)
nail (손톱)	(음)네이ㄹ	네 일
name (이름)	(음)네에임	네 임
nut (땅콩류)	(음)너엍	너 트
noon (정오)	(음)느우운	눈

Tip 혀를 입천장에 대고 콧소리로 /음~/ 하다가 /느/ 하고 발음해 보세요.

정리 빈칸을 채워 보세요.

1. M은 100% [　　　], N은 100% [　　　]
2. 원어민 발음을 듣고 큰 소리로 따라 읽은 후에 아래 횟수에 ✔ 표시하세요.

| 1번 | 2번 | 3번 | 4번 | 5번 | 6번 | 7번 | 8번 | 9번 | 10번 |

분발하세요. 잘하고 있네요. 완전최고

준비 과정

15 O o 발음

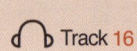

O 발음 빈도표

규칙 1 짧은 발음 /아/

단어(뜻)	미국 사람	한국 사람 (잘못된 습관)
orange (오렌지)	아륀지	오 렌 지
chocolate (초코렛)	촤컬릿	초 콜 렛
top (꼭대기)	탑	톱
god (신)	갇	곧
boss (사장)	보아ㅆ	보 스
doctor (의사)	닥터ㄹ	닥 터

Tip 입을 크게 벌리고 턱을 밑으로 당긴다는 느낌으로 /아/ 하고 발음해 보세요. /오/ 하며 오므렸다가 /아/ 하며 쭉 내밀며 발음해 보세요.

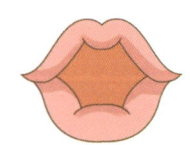

규칙 2   긴 발음 /오우/

단어(뜻)	미국 사람	한국 사람 (잘못된 습관)
OK (좋다)	오우케이	오 케 이
cold (추운)	코울ㄷ	콜 ㄷ
open (열다)	오우픈	오 픈
note (메모)	노욷	노 트
nose (코)	노우ㅈ	노 우 즈

Tip 그냥 /오/라고 발음하면 안 돼요. 영어에는 /오/라고 발음하는 경우가 없습니다.

정리

빈칸을 채워 보세요.

1. 짧은 발음은 [   ]
2. 긴 발음은 [   ]
3. 원어민 발음을 듣고 큰 소리로 따라 읽은 후에 아래 횟수에 ✓ 표시하세요.

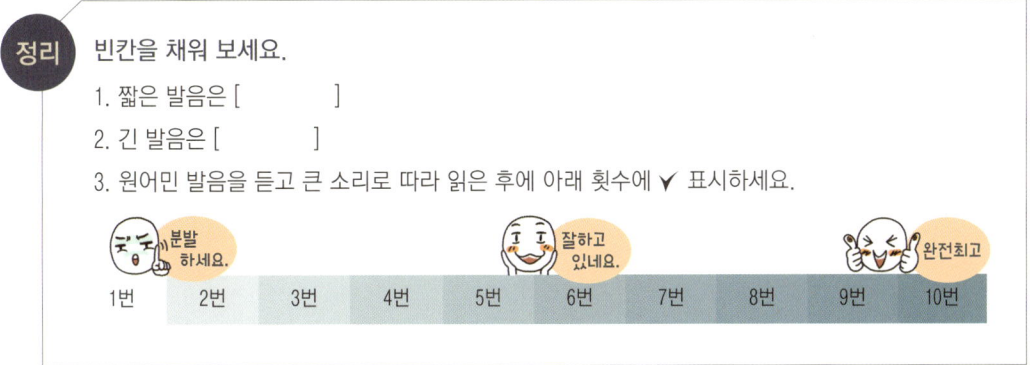

16 P p 발음

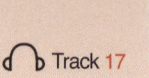

P 발음 빈도표

규칙 1 입술 사이에서 소리가 터지듯이 /프/라고 발음

단어 (뜻)	미국 사람	한국 사람 (잘못된 습관)
piano (피아노)	피애노우	피 아 노
paint (페인트)	페인ㅌ	페 인 트
part (부분)	파알ㅌ	파 트
stop (멈추다)	스따아ㅍ	스 톱
lamp (램프)	래앰ㅍ	램 프
pop (팝 뮤직)	파ㅍ	팝

Tip 윗입술과 아랫입술을 안으로 살짝 모았다가 터뜨리듯이 /프~/ 하고 발음해 보세요.
이때 목이 울리면 안 돼요.

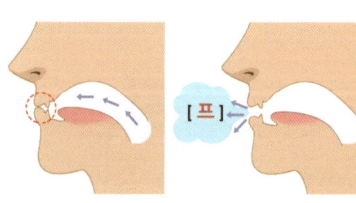

규칙 2 P가 묵음인 경우

단어(뜻)	미국 사람	한국 사람 (잘못된 습관)
psycho (정신병자)	싸이코우	사 이 코
receipt (영수증)	뤼시이ㅌ	리 시 트
cupboard (찬장)	커벌ㄷ	컵 보 드

Tip 1 P가 묵음인 경우가 많지는 않아요. 위에 제시된 몇 개만 기억하세요.
  2 해외 나가서 영수증을 꼭 챙겨야 하는 경우도 있죠? 그럴 때는 자신 있게 "Receipt, please [뤼시이ㅌ 플리이ㅈ]."라고 하세요.

질문 F와 P 발음은 어떻게 달라요?

우리는 둘 다 /ㅍ/ 발음으로 표기해서 더 헷갈리지요. 그런데 둘 다 /ㅍ/라고 생각해도 좋은데 다만 F는 바람 소리고 P는 입술에서 터지는 소리라고 생각하면 쉬워요.
F는 윗니로 아랫입술은 살짝 물고 이 사이로 바람을 /프흐/ 하고 불어 보세요.
P는 입술을 안으로 살짝 모았다가 앞으로 터뜨리면서 /프/ 하고 소리를 내면 되지요.

정리 빈칸을 채워 보세요.

1. 입술 사이에서 소리가 터지듯이 [　　　]라고 발음
2. P가 [　　　]인 경우가 많지는 않아요.
3. 원어민 발음을 듣고 큰 소리로 따라 읽은 후에 아래 횟수에 ✓ 표시하세요.

17 Q q 발음

🎧 Track 18

Q 발음 빈도표

Q는 항상 U랑 붙어 다녀요.

규칙 1 앞에 나오면 /쿠워/

단어(뜻)	미국 사람	한국 사람 (잘못된 습관)
quick (재빠른)	쿠위ㅋ	퀵
question (질문)	쿠웨ㅅ쳔	케 스 쳔
quiet (조용한)	쿠아이어ㅌ	콰 이 어 트
quite (매우)	쿠아이ㅌ	콰 이 트
quiz (퀴즈)	쿠위ㅈ	퀴 즈
queen (여왕)	쿠위인	퀸

Tip 우리말로 '빨리 빨리'는 '키클리 키클리'가 아니고 '쿠위클리, 쿠위클리(quickly quickly)'입니다.

우리말로 /쿠/라고 했다가 입술을 동그랗게 모으며 /워/라고 발음해 보세요.

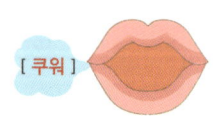

[쿠워]

규칙 2 뒤에 나오면 /크/

단어(뜻)	미국 사람	한국 사람 (잘못된 습관)
unique (독특한)	유니크	유 니 크
technique (기술)	테크니크	테 크 닉
boutique (부티크, 양품점)	부티이크	부 티 크

Tip /크/ 역시 끝에 나오는 발음이니까 약하게 발음해 주세요.

정리 빈칸을 채워 보세요.

1. 앞에 나오면 [   ]
2. 뒤에 나오면 [   ]
3. 원어민 발음을 듣고 큰 소리로 따라 읽은 후에 아래 횟수에 ✔ 표시하세요.

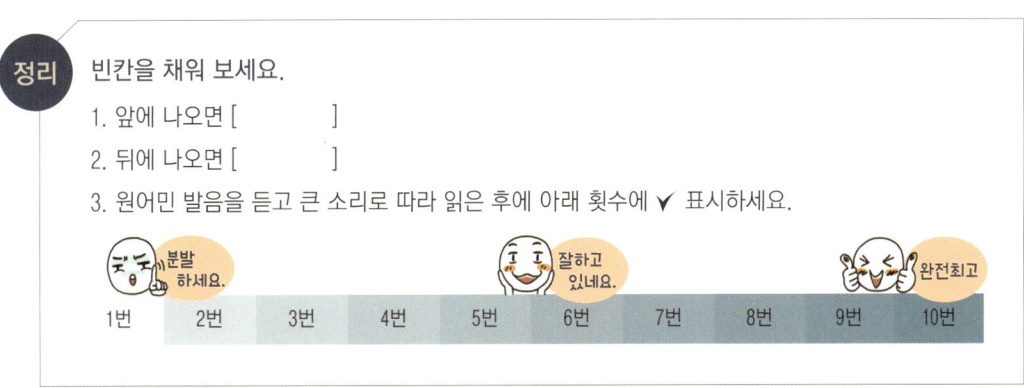

준비 과정 45

18 R r 발음

Track 19

R 발음 빈도표

어ㄹ / 뤄

R은 굴러 가는 소리죠!

규칙 1 앞에 나오면 /뤄/

단어(뜻)	미국 사람	한국 사람 (잘못된 습관)
rain (비)	뤠인	레 인
red (빨간색)	뤠드	레 드
rice (쌀)	롸이스	라 이 스
right (옳은)	롸이트	라 이 트
dragon (용)	드뤠곤	드 래 곤
eraser (지우개)	이뤠이서ㄹ	이 레 이 저

Tip 입술을 뽀뽀할 때처럼 동그랗게 모으고 혀를 안쪽으로 감으면서 /뤄/ 하고 발음해 보세요.

입을 편안하게 한 채 혀를 안쪽으로 감으면서 /어ㄹ/ 하고 발음해 보세요.

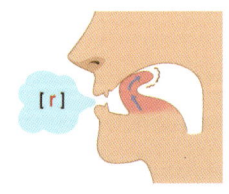
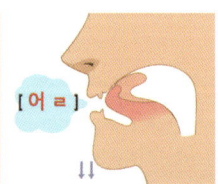

규칙 2 뒤에 나오면 /어ㄹ/

단어(뜻)	미국 사람	한국 사람 (잘못된 습관)
hair (머리카락)	헤어ㄹ	헤 어
hour (시간)	아우어ㄹ	아 워
pork (돼지고기)	포어ㄹㅋ	포 ㅋ
share (나누다)	쉐어ㄹ	쉐 어

Tip 1 영국에서는 뒤에 나오는 R 발음을 하지 않아요. 하지만 우리는 미국식 영어를 배우고 있으니까 열심히 발음해 주세요.

2 'hour(시간)'에서 H는 묵음입니다.

정리 빈칸을 채워 보세요.

1. 앞에 나오면 [   ]
2. 뒤에 나오면 [   ]
3. 원어민 발음을 듣고 큰 소리로 따라 읽은 후에 아래 횟수에 ✓ 표시하세요.

| 1번 | 2번 | 3번 | 4번 | 5번 | 6번 | 7번 | 8번 | 9번 | 10번 |

분발 하세요. / 잘하고 있네요. / 완전최고

준비 과정 47

19 S s 발음

S 발음 빈도표

규칙 1 모음 앞에 나오면 /쓰/

단어(뜻)	미국 사람	한국 사람 (잘못된 습관)
same (같은)	쌔임	세 임
sample (샘플)	쌤프어ㄹ	샘 플
say (말하다)	쌔이	세 이
send (보내다)	쎈ㄷ	센 드
basic (기초의)	베이씩	베 이 식
essence (에센스, 진액)	에쓴ㅆ	에 센 스

Tip 부드러운 모음 앞에서는 S가 세지는 거지요.
윗니와 아랫니를 거의 닿을 정도로 붙이고 바람으로 소리를 내면서 /쓰/, /스/라고 발음해 보세요.

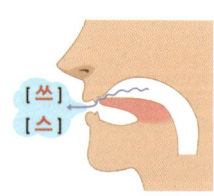

규칙 2 자음 앞에 나오면 /스/

단어(뜻)	미국 사람	한국 사람 (잘못된 습관)
school (학교)	스쿠어ㄹ	스 쿨
ski (스키)	스키이	스 키
student (학생)	스튜던트	스 투 던 트
store (가게)	스토어ㄹ	스 토 어

Tip 자음은 알파벳 중 모음(A, E, I, O, U) 빼고 나머지 전부입니다.

규칙 3 L 앞에서 묵음

단어(뜻)	미국 사람	한국 사람 (잘못된 습관)
island (섬)	아일랜드	아 이 슬 랜 드
aisle (복도)	아이어ㄹ	아 이 슬

Tip 비행기나 기차를 탈 때 어떤 좌석을 원하는지 선택하는 경우가 생기는데요. 복도 쪽 좌석을 원할 때는 "Aisle, please [아이어ㄹ 플리ㅈ]." 하면 됩니다.

정리 빈칸을 채워 보세요.

1. 모음 앞에 나오면 [　　　]
2. 자음 뒤에 나오면 [　　　]
3. L 앞에서 [　　　]
4. 원어민 발음을 듣고 큰 소리로 따라 읽은 후에 아래 횟수에 ✔ 표시하세요.

분발하세요.　　　잘하고 있네요.　　　완전최고

1번　2번　3번　4번　5번　6번　7번　8번　9번　10번

20 T t 발음

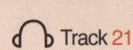

T 발음 빈도표

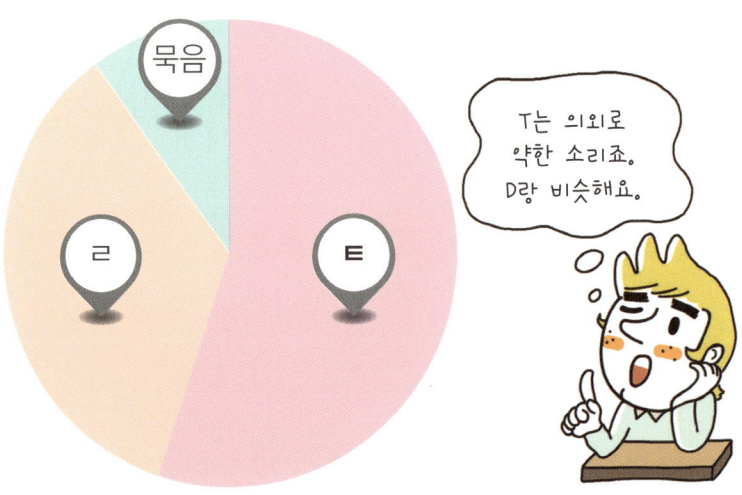

규칙 1 대부분은 /트/라고 발음되니 잘 모르면 무조건 /트/

단어(뜻)	미국 사람	한국 사람 (잘못된 습관)
table (탁자)	테이버ㄹ	테 이 블
test (시험)	테스ㅌ	테 스 트
toilet (화장실)	토일레ㅌ	토 일 레 트
tour (관광)	투어ㄹ	투 어
net (그물)	네ㅌ	네 트
skirt (치마)	스커얼ㅌ	스 커 트

Tip T가 맨 끝에 오는 경우는 아주 약하게 발음해야 합니다. 절대로 강하게 발음하지 마세요.

혀를 입천장 앞 부분(앞니 바로 뒤)에 대고 목에서부터 바람을 내보내 듯 /트/ 하고 소리내 보세요.

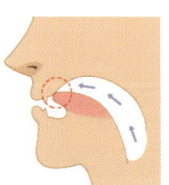

규칙 2 T가 모음 사이에 끼면 /ㄹ/ 소리

단어(뜻)	미국 사람	한국 사람 (잘못된 습관)
water (물)	워러	워 터
total (합계)	토우럴	토 탈
tomato (토마토)	터매이로우	토 마 토
bottle (병)	바를	보 틀

Tip 모음 사이에 T가 있으면 발음이 부드러워져서 굴러 가는 소리인 /ㄹ/ 소리가 납니다. 앞에서 배운 D와 같은 원리죠. D와 T는 똑같이 약한 소리입니다.

규칙 3 S 뒤에서 묵음

단어(뜻)	미국 사람	한국 사람 (잘못된 습관)
listen (듣다)	리쓴	리 스 튼
castle (성)	캐쓸	캐 쓰 틀
whistle (호루라기, 휘파람)	위써ㄹ	휘 쓸

Tip whistle(호루라기, 휘파람)에서 H는 발음하지 않습니다.

★ th 발음은 혀를 윗니와 아랫니 사이에 넣고 /드/나 /쓰/라고 발음합니다.
/ð드/ : mother(어머니) [마더ㄹ], brother(형, 오빠, 남동생) [브롸더ㄹ]
/θ쓰/ : thank(감사하다) [쌘ㅋ], think(생각하다) [씬ㅋ]

정리 빈칸을 채워 보세요.

1. 대부분은 [   ]
2. T가 모음 사이에 끼면 [   ]
3. S 뒤에서 [   ]
4. 원어민 발음을 듣고 큰 소리로 따라 읽은 후에 아래 횟수에 ✓ 표시하세요.

1번 2번 3번 4번 5번 6번 7번 8번 9번 10번

21 U u 발음

Track 22

U 발음 빈도표

U를 보면 /어/가 가장 먼저 떠올라요.

규칙 1 대부분은 /어/라고 발음되니 잘 모르면 무조건 /어/

단어(뜻)	미국 사람	한국 사람 (잘못된 습관)
uncle (삼촌)	엉크어ㄹ	엉 클
under (~아래)	언더ㄹ	언 더
up (위로)	어ㅍ	업
ugly (못생긴)	어글이	어 글 리
umbrella (우산)	엄브렐라	엄 브 렐 라
but (그러나)	버앝	버 트

Tip 영어의 끝소리는 항상 약하게 발음된다는 사실을 절대 잊지 마세요.
턱을 밑으로 내리면서 /어/ 하고 소리 내 보세요.

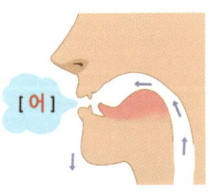
[어]

규칙 2 모음이 2개인 것처럼 /이유/

단어(뜻)	미국 사람	한국 사람 (잘못된 습관)
use (사용하다)	이유ㅈ	유 즈
union (조합)	이유니어ㄴ	유 니 온
tube (관, 튜브)	티유ㅂ	튜 브
human (인간)	히유먼	휴 먼

Tip 보통 /이유/ 발음을 빨리 발음하면 /유/로 들립니다. /이유/를 빨리 발음해 보세요.

정리 빈칸을 채워 보세요.

1. 대부분은 [   ]
2. 모음이 2개인 것처럼 [   ]
3. 원어민 발음을 듣고 큰 소리로 따라 읽은 후에 아래 횟수에 ✔ 표시하세요.

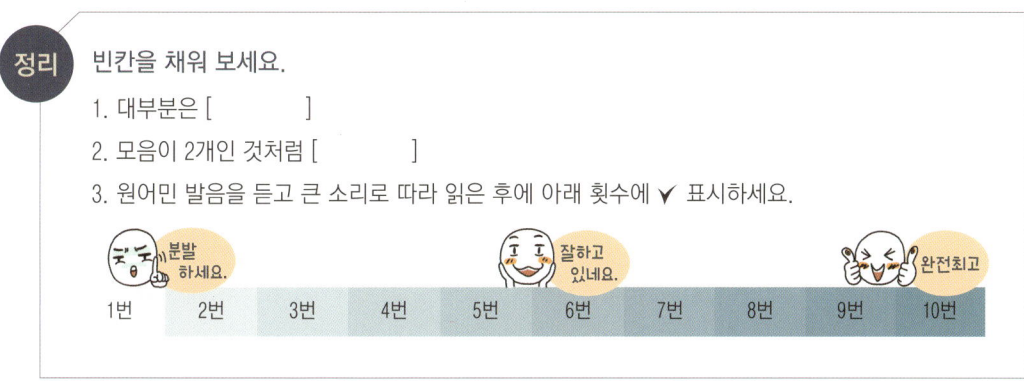

22 V v 발음

Track 23

V 발음 빈도표

| 규칙1 | 윗니로 아랫입술을 살짝 물고서 /브/ 하고 바람 소리 내기 |

단어(뜻)	미국 사람	한국 사람 (잘못된 습관)
video (비디오)	비디오우	비 디 오
violin (바이올린)	바이어리인	바 이 올 린
vest (조끼)	베스트	베 스 트
very (매우)	베어뤼	베 리
voice (목소리)	보이ㅅ	보 이 스
volleyball (배구)	발리보어ㄹ	발 리 볼

Tip 한국말처럼 입술을 붙인 상태로 /브/ 소리를 내면 발음이 이상하게 됩니다.

윗니로 아랫입술을 살짝 물고서 이 사이로 /브/ 하며 바람을 내보내 보세요.

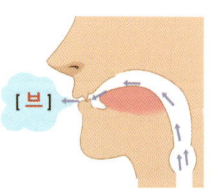

규칙 2 끝부분에 오면 바람 새는 소리로 살짝

단어(뜻)	미국 사람	한국 사람 (잘못된 습관)
love (사랑)	러(ㅂ)	러 브
give (주다)	기(ㅂ)	기 브
valve (밸브)	배앨(ㅂ)	밸 브
save (모으다, 구하다)	쎄이(ㅂ)	세 이 브

질문 B와 V 발음은 어떻게 달라요? (P와 F 원리와 같아요)

우리는 둘 다 /ㅂ/ 발음으로 표기해서 더 헷갈리지요. 그런데 둘 다 /ㅂ/이라고 생각해도 좋은데 다만 V는 바람 소리고 B는 입술에서 터지는 소리라고 생각하면 쉬워요.
V는 윗니로 아랫입술을 살짝 물고 이 사이로 바람을 /브/ 하고 불어 보세요.
B는 입술을 안으로 살짝 모았다가 앞으로 터뜨리면서 /브/ 하고 소리를 내면 되지요.

정리 빈칸을 채워 보세요.

1. 윗니로 아랫입술을 살짝 물고서 [   ]
2. [   ]에 오면 바람 새는 소리로 살짝
3. 원어민 발음을 듣고 큰 소리로 따라 읽은 후에 아래 횟수에 ✔ 표시하세요.

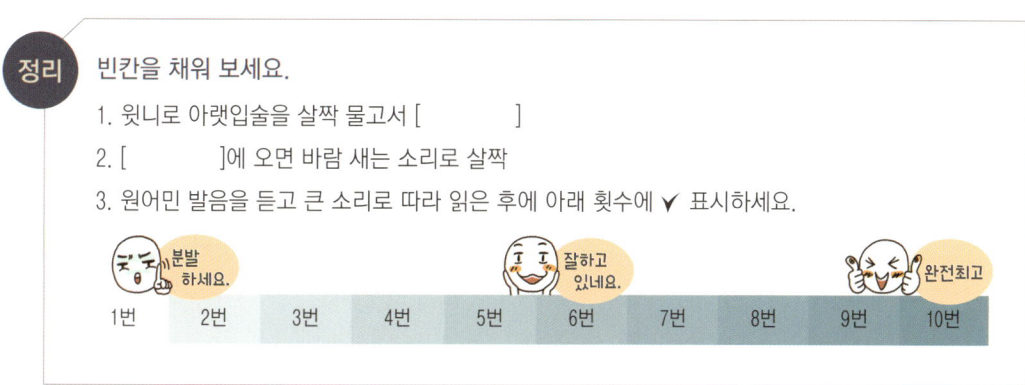

23 W w 발음

 Track 24

W 발음 빈도표

뒤에 오는 모음과 연결되는 소리죠.

규칙 1 대부분 /우/

단어(뜻)	미국 사람	한국 사람 (잘못된 습관)
war (전쟁)	우와ㄹ	와
watch (시계)	우와취	와 치
water (물)	워러	워 터
wide (넓은)	우아이ㄷ	와 이 드
whale (고래)	우에이얼	훼 일
wheel (바퀴)	우이여ㄹ	휠

Tip 1 /우/로 발음하면서 이어지는 발음과 바로 연결하여 소리 내세요.
2 WH에서 H는 묵음이 됩니다.
입을 살짝 벌리고 가볍게 /우/ 하며 소리를 내 보세요.

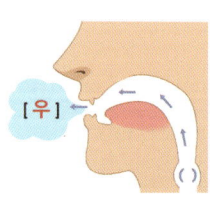
[우]

규칙 2 R 앞에서 묵음

단어(뜻)	미국 사람	한국 사람 (잘못된 습관)
write (쓰다)	롸잍	라 이 트
wrap (싸다)	뢥	랩
wrinkle (주름)	륀크어ㄹ	링 클
wrist (손목)	뤼스트	리 스 트

정리 빈칸을 채워 보세요.

1. 대부분 [   ]
2. R 앞에서 [   ]
3. 원어민 발음을 듣고 큰 소리로 따라 읽은 후에 아래 횟수에 ✔ 표시하세요.

분발하세요. 잘하고 있네요. 완전최고

1번 2번 3번 4번 5번 6번 7번 8번 9번 10번

24 X x 발음

Track 25

X 발음 빈도표

EX로 같이 붙여서 많이 써요.

규칙 1 대부분은 /크ㅆ/라고 발음되니 잘 모르면 무조건 /크ㅆ/

단어(뜻)	미국 사람	한국 사람 (잘못된 습관)
éxcellent (뛰어난)	엑썰런ㅌ	엑 설 런 트
éxercise (연습하다, 운동하다)	엑써ㄹ싸이ㅈ	엑 서 사 이 즈
éxtra (추가의, 단역)	엑ㅆ트뤄	엑 스 트 라
expénsive (비싼)	잌ㅆ뺀씨ㅂ	익 스 펜 시 브
excíting (흥미로운)	잌싸이링	익 사 이 팅
expéct (기대하다)	잌ㅆ뺔ㅌ	익 스 펙 트

Tip 1 /엑ㅆ/로 발음될 때는 맨 앞을 강하게 읽을 때입니다.
(1음절 강세)
2 /잌ㅆ/로 발음될 때는 뒤를 강하게 읽을 때입니다.
(2음절 강세)

입을 살짝 벌리고 힘을 주어 /크ㅆ/ 하며 소리를 내 보세요.

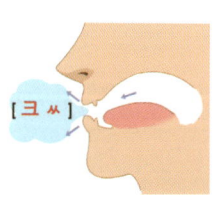

규칙 2 예외적인 발음 /그ㅈ/

단어(뜻)	미국 사람	한국 사람 (잘못된 습관)
exam (시험)	익재앰	이 그 잼
exact (정확한)	익재액ㅌ	이 그 잭 트
example (예)	익잼프어ㄹ	이 그 잼 플

Tip /그ㅈ/라고 발음되는 경우는 많지 않아요.

정리 빈칸을 채워 보세요.

1. 대부분 [   ]
2. 예외적으로 [   ]
3. 원어민 발음을 듣고 큰 소리로 따라 읽은 후에 아래 횟수에 ✓ 표시하세요.

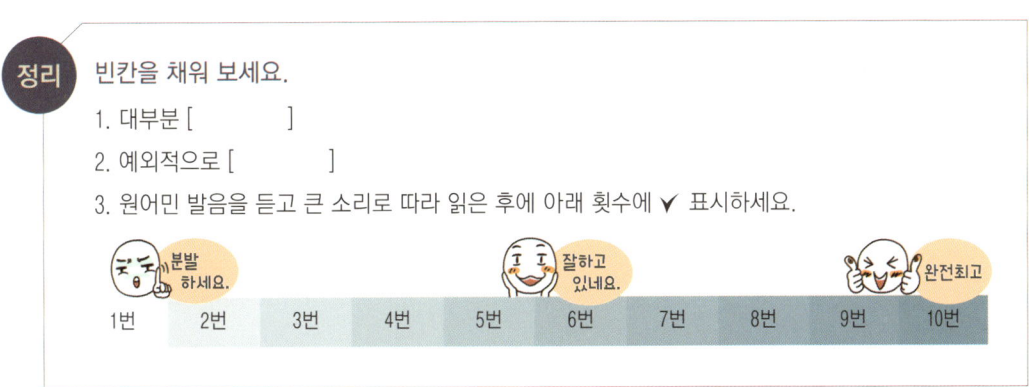

준비 과정 59

25 Y y 발음

🎧 Track 26

Y 발음 빈도표

규칙 1 | 대부분은 /이/라고 발음되니 잘 모르면 무조건 /이/

단어(뜻)	미국 사람	한국 사람 (잘못된 습관)
year (년, 해)	이어르	이 어
yes (네)	이에스	예 스
yet (아직)	이에트	예 트

규칙 2 | 철자가 3개이고 Y가 맨 끝이면 /아이/

단어(뜻)	미국 사람	한국 사람 (잘못된 습관)
why (왜)	와이	화 이
dry (건조하다)	듀롸이	드 라 이
fry (튀기다)	프ㅎ롸이	후 라 이

Tip 입을 작게 벌리고 턱을 아래로 당기세요. 짧게 /이/ 해 보세요.

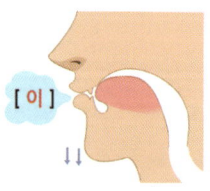
[이]

26 Z z 발음

Track 27

Z 발음 빈도표

핸드폰 진동 소리랑 비슷해요.

규칙 1 100% /즈~~/

단어(뜻)	미국 사람	한국 사람 (잘못된 습관)
zero (0)	지이뤄우	제 로
zebra (얼룩말)	지이브라	지 브 라
zoo (동물원)	주우	주

Tip 이를 모으고 진동 소리를 내면서 /즈~~/하고 소리내 보세요.

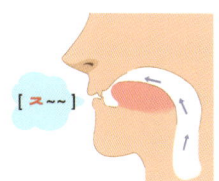

정리 빈칸을 채워 보세요.

1. Y는 대부분 [   ], 철자 세 개이면서 끝에 오면 [   ]
2. Z는 100% [   ]
3. 원어민 발음을 듣고 큰 소리로 따라 읽은 후에 아래 횟수에 ✔ 표시하세요.

| 1번 | 2번 | 3번 | 4번 | 5번 | 6번 | 7번 | 8번 | 9번 | 10번 |

분발 하세요.   잘하고 있네요.   완전최고

준비 과정 61

총정리

1. 대표 발음을 가장 먼저 숙지하세요.
2. 그 다음에 다른 발음도 익히시면 됩니다.
3. ❗ 표시는 특별히 주의해야 하는 발음입니다.

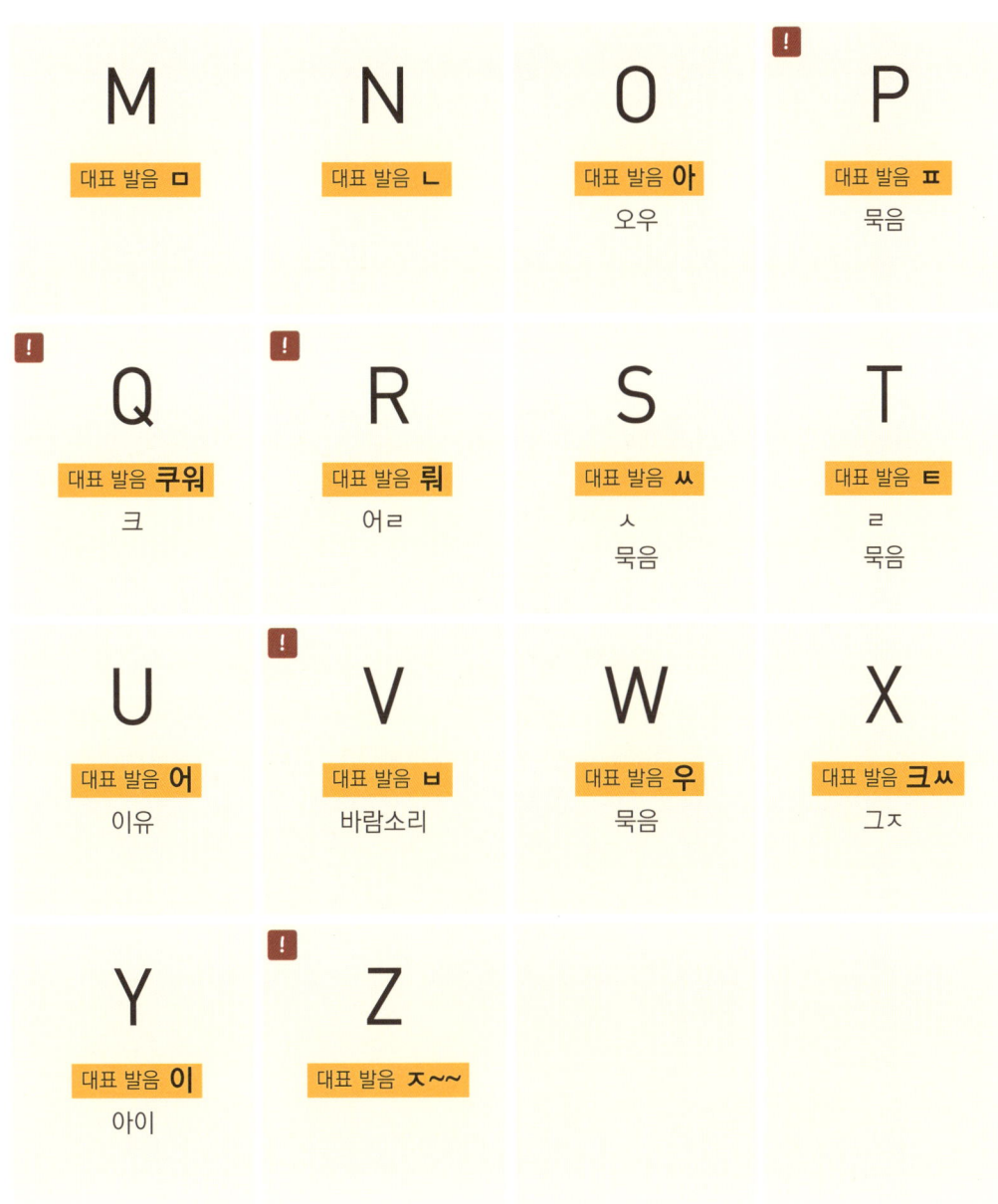

Step 2
기초 과정

영어로 말하고 싶을 때 가장 기초가 되는 것은 '영어 단어'입니다.
이제 영어 회화에 꼭 필요한 기초 단어를 배우게 됩니다.
여기 나오는 단어만 알아도 웬만한 표현은 할 수 있습니다.
한마디로 되는 회화를 여기서 시작합니다.

영어를 다시 시작하는 여러분
여기 나오는 영어 단어는 반드시 정복합시다!

필수 기초 단어로 영어 회화를 시작하자!
맨날 나오지만 잘 모르는 단어로 절대 기죽지 말자!

원어민의 정확한 발음을 들어 보고 나서
빨간색 셀로판지를 대고 영어 단어와 실전 회화를
말해 보세요.

27 기초 회화에서 꼭 나오는 단어 I

🎧 Track 28

1. 우리는 항상 물어보고 싶은 게 많습니다. 그런데 문장을 다 갖추려니 시간도 오래 걸리고 맞는지도 모르겠고. 이럴 때는 한 단어로 물어봅시다. 그래도 원어민은 충분히 이해합니다.

단어	발음	뜻	실전 회화
01 what	왙	무엇	What? 무엇이죠?
02 why	와~이	왜	Why? 왜죠?
03 when	웬	언제	When? 언제죠?
04 where	웨어ㄹ	어디에	Where? 어디서요?
05 who	후	누가	Who? 누구요?
06 which	위취	어느 것	Which? 어느 것이요?
07 how	하~우	어떻게	How? 어떻게요?

2. 상대방이 영어로 뭐라 했는데 잘 못 알아들었을 때가 많아요. 이럴 때는 서슴없이 한 단어로 딱! 눈치 빠른 원어민이 다시 천천히 말해 줄 겁니다.

단어	발음	뜻	실전 회화
08 sorry	쏘~뤼	① 미안한 ② 뭐라고요?	Sorry? 뭐라고요?
09 pardon	파아ㄹ든	① 용서 ② 뭐라고요?	Pardon? 뭐라고요?
10 excuse	익ㅅ큐우ㅈ	① 용서 ② 변명	Excuse me? [익ㅅ큐우ㅈ 미] 뭐라고요?

세 단어 모두 끝을 올려서 말해야 다시 말해 달라는 말이 됩니다. 내려 읽으면 그냥 08 09 '미안합니다.', 10 '실례합니다.'가 되지요.

3. 이제 우리도 추임새를 넣어 볼까요? 호응을 해 줘야 원어민도 흥이 나서 계속 말해 주겠죠?

단어	발음	뜻	실전 회화
11 yes	이에ㅅ	네	Yes. 네, 그래요.
12 right	롸잍	맞는	Right. 맞아요.
13 understand	언더스탠ㄷ	이해하다	I understand. 알겠어요.
14 see	씨이	① 보다 ② 알다	I see. 알겠어요.
15 get	게ㅌ	얻다	I got it.[아이갓잍] 알겠어요.

got은 15 get의 과거형이죠. '당신이 하는 말, 그것을 내가 정신과 마음에서 얻었다'는 뜻이 되니까 '알겠다'는 말이 되는 거에요.

정리 다음 한국어는 영어로, 영어는 한국어로 쓰세요.

see ( )	right ( )	얻다 ( )	네 ( )	what ( )
who ( )	어느 것 ( )	pardon ( )	어떻게 ( )	이해하다 ( )
용서, 변명 ( )	where ( )	왜 ( )	sorry ( )	when ( )

원어민 발음을 듣고 큰 소리로 따라 읽은 후에 아래 횟수에 ✔ 표시하세요.

분발하세요. 1번 2번 3번 4번 잘하고 있네요. 5번 6번 7번 8번 완전최고 9번 10번

28 기초 회화에서 꼭 나오는 단어 II

🎧 Track 29

1. 만났을 때 'Hello(헬로우)', 'Hi(하이)'라고 하는 인사는 다 아시죠?
   그럼 헤어질 때는 뭐라고 할까요?

단어	발음	뜻	실전 회화
16 care	케어ㄹ	돌보다	Take care. 몸 조심해요.
17 nice	나이ㅅ	멋진	Nice meeting you. [나이ㅅ 미링 유] 만나서 즐거웠어요.
18 so	쏘우	그렇게	So long. [쏘우 롱] 안녕.
19 easy	이지	쉬운	Take it easy. [테이킽 이지] 편히 쉬세요.
20 miss	미ㅅ	보고 싶어하다	I'll miss you. [아율 미슈우] 보고 싶을 거예요.

2. 누가 뭔가를 요청했을 때 '승낙하다'라는 표현은 어떻게 할까요?

단어	발음	뜻	실전 회화
21 sure	슈어ㄹ	확실한, 물론	Sure. 물론이지요.
22 certainly	썰은리	확실하게	Certainly. 확실하지요.
23 ahead	어헤에드	앞으로	Go ahead. 그렇게 하세요.
24 course	코올ㅅ	물론	Of course. 당연하지요.
25 guest	게스트	손님	Be my guest. [비 마이 게스트] 그렇게 하세요.

23 Go ahead는 원래 '앞으로 가세요.'라는 뜻으로 '하시던 대로 쭉 하세요.'가 되니까 '그렇게 하세요.'라는 표현이 됩니다.
24 Of course는 뉘앙스가 자칫 무례하게 보일 수 있어요. 조심해서 사용하세요.
25 Be my guest는 '내게 (귀한) 손님이 되세요.'라는 뜻이니까 '그렇게 하세요.'라는 뜻이 됩니다.

3. 누가 뭔가를 요청했는데 아직 준비가 안 되었어요. 뭐라고 해야 할 것 같은데, 이때 뭐라고 할까요?

단어	발음	뜻	실전 회화
26 no	노우	아니오	No way. [노우 웨이] 절대 안 돼요.
27 wait	웨잍	기다리다	Wait. 기다려요
28 hold	홀드	잡다	Hold on. [홀~돈] 기다려요.
29 yet	이엗	아직	Not yet. [낫옡] 아직 안 됐어요.
30 later	래이러	나중	Later. 나중에요.

28 Hold on에서 hold는 '잡고 있다'는 뜻이고 on은 '계속'이라는 뜻입니다. '계속 (시간 등을) 잡고 있어 봐.'의 뜻이니까 '기다려요.'가 됩니다.

14 see 와 30 later을 합친 'See you later.'는 '나중에 봐.'라는 의미로 헤어질 때 하는 인사가 됩니다.

정리 다음 한국어는 영어로, 영어는 한국어로 쓰세요.

wait ( )	right ( )	멋진 ( )	잡다 ( )	yet ( )
sure ( )	그렇게 ( )	ahead ( )	course ( )	손님 ( )
보고 싶어하다 ( )	certainly ( )	나중 ( )	easy ( )	아니오 ( )

원어민 발음을 듣고 큰 소리로 따라 읽은 후에 아래 횟수에 ✔ 표시하세요.

29 비행기에서 꼭 나오는 단어

🎧 Track 30

1. 비행기를 타면 나오는 음식에 대해 이야기해 해 볼까요?
   좀 쉬워도 발음을 확실히 익히세요.

단어	발음	뜻	실전 회화
31 water	워러	물	Water, please. 물 좀 주세요.
32 beer	비어ㄹ	맥주	Beer, please. 맥주 주세요.
33 wine	와아인	포도주	Red wine, please. 적포도주 주세요.
34 orange juice	아륀지 쥬우ㅅ	오렌지 주스	Orange juice, please. 오렌지 주스 주세요.
35 tomato juice	토매이로우 쥬우ㅅ	토마토 주스	Tomato juice, please. 토마토 주스 주세요.
36 coffee	카프히	커피	Hot coffee, please. 뜨거운 커피 주세요.
37 tea	티이	차(보통 홍차)	Tea, please. 홍차 주세요.
38 coke	코ㅋ	코카콜라	Coke, please. 콜라 주세요.
39 chicken	취킨	닭고기	Chicken, please. 닭고기 주세요.
40 beef	비프ㅎ	소고기	Beef, please. 소고기 주세요.

보통 승무원이 식사 시간이 되면 물어보는 게 있죠? 바로 'Chicken or beef[취크은 오어ㄹ 비프ㅎ]'입니다. 그러면 당황하지 말고 정확하고 세련된 발음으로 말해 주세요.

2. 비행기에 타면 먹을 것 말고도 부탁할 일이 많습니다. 뭐가 있을까요?

단어	발음	뜻	실전 회화
41 newspaper	누즈페이퍼ㄹ	신문	Newspaper, please. 신문 좀 주세요.
42 magazine	메거지~인	잡지	Magazine, please. 잡지 좀 주세요.
43 blanket	블랑킽	담요	Blanket, please. 담요 좀 주세요.
44 pillow	필로우	베개	Pillow, please. 베개 좀 주세요.
45 card	카아드	카드	Card, please. 카드 좀 주세요.

정리 다음 한국어는 영어로, 영어는 한국어로 쓰세요.

카드 ( )	orange juice ( )	물 ( )	홍차 ( )	beef ( )
beer ( )	magazine ( )	pillow ( )	토마토 주스 ( )	newspaper ( )
포도주 ( )	커피 ( )	닭고기 ( )	blanket ( )	콜라 ( )

원어민 발음을 듣고 큰 소리로 따라 읽은 후에 아래 횟수에 ✓ 표시하세요.

분발하세요.   잘하고 있네요.   완전최고

1번 2번 3번 4번 5번 6번 7번 8번 9번 10번

30 공항에서 꼭 나오는 단어 I

Track 31

1. 외국 공항에 가면 가장 많이 하는 표현이 있습니다.
   반드시 알아야 할 1순위 단어부터 살펴봅니다.

단어	발음	뜻	실전 회화
46 passport	패스포올ㅌ	여권	Passport, please. [패스포올ㅌ 플리이즈] 여권 좀 (보여 주세요)
47 ticket	티킷	승차권	Ticket, Please. [티킷 플리이즈] 승차권 좀 (보여주세요.)
48 flight	플라잍	비행기	Flight number, please. [플라잍 넘버ㄹ 플리이즈]
49 number	넘버ㄹ	번호	비행기 번호 좀 (알려 주세요)
50 local	로커어ㄹ	현지	What's the local time? [왓츠 더 로커어ㄹ 타임] 현지 시간으로 몇 시죠?

2. 외국에서 비행기 티켓을 끊을 때 목적지와 시간을 말하고 나서 이렇게 요청할 수 있어요.

단어	발음	뜻	실전 회화
51 window	윈도우	창문	Window seat, please. [윈도우 씨잍 플리이즈] 창가 자리로 해 주세요.
52 aisle	아이어ㄹ	복도	Aisle seat, please. [아이어ㄹ 씨잍 플리이즈] 복도 자리로 해 주세요.
53 seat	씨잍	자리	

3. 입국 심사할 때 무언가를 물어보죠? 보통 세 가지를 물어봅니다.
첫 번째는 입국 목적, 두 번째는 체류 기간, 세 번째는 체류 장소입니다.

단어	발음	뜻	실전 회화
54 purpose	퍼ㄹ퍼스	목적	What's the purpose of your visit? [왓츠더 퍼ㄹ퍼스업 유어비지ㅌ] 당신의 방문 목적이 무엇입니까?
55 visit	비지ㅌ	방문	
56 sightseeing	싸잍씽	관광	For sightseeing. 관광하러 왔어요.
57 long	롱	오래	How long will you stay? [하우 롱 윌유 스떼이] 얼마나 오래 머물 겁니까?
58 day	데이	일	For five days. [프홀 프화이ㅂ 데이ㅈ] 5일 동안이요.
59 stay	스떼이	머물다	Where will you stay? [웨어윌유 스떼이] 어디에 머물 겁니까?
60 hotel	호테어ㄹ	호텔	At Kent hotel. [앹 켄ㅌ 호테어ㄹ] 켄트 호텔에요.

56 관광이 아닌 공부나 업무상으로 온 경우는 For studying[프홀 스따딩] 혹은 For business[프홀 비즈니ㅅ]라고 하면 됩니다.

정리 다음 한국어는 영어로, 영어는 한국어로 쓰세요.

sightseeing ( )	passport ( )	창문 ( )	stay ( )	local ( )
seat ( )	오래 ( )	day ( )	purpose ( )	방문 ( )
티켓 ( )	aisle ( )	번호 ( )	flight ( )	호텔 ( )

원어민 발음을 듣고 큰 소리로 따라 읽은 후에 아래 횟수에 ✓ 표시하세요.

분발하세요. 잘하고 있네요. 완전최고
1번 2번 3번 4번 5번 6번 7번 8번 9번 10번

31 공항에서 꼭 나오는 단어 II

Track 32

1. 공항에 가면 영어로 된 표지판이 많죠? 외국에서는 그 표지판이 무슨 뜻인 줄 알아야 헤매지 않을 수 있습니다. 좀 어렵더라도 15개만 알고 가면 아주 편리합니다. 자 표지판을 읽어 봅시다!

단어	발음	뜻	실전 회화
61 international	이너내셔너ㄹ	국제의	Where is the international airport? [웨어즈 디 이너네셔너ㄹ 에어폴ㅌ] 국제 공항이 어디죠?
62 airport	에얼포올ㅌ	공항	

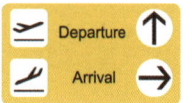  

단어	발음	뜻	실전 회화
63 arrival	어롸이버ㄹ	도착	What's the arrival time? [왓츠 디 어롸이버ㄹ 타임] 도착 시간이 언제죠?
64 departure	디파ㄹ처	출발	What's the departure time? [왓츠 더 디파ㄹ처 타임] 출발 시간이 언제죠?
65 transfer	트랜스퍼ㄹ	환승	Where do I transfer? [웨어 두아이 트랜스퍼ㄹ] 어디서 환승하죠?
66 boarding	보오딩	탑승	Where's the boarding gate 2? [웨어즈 더 보오딩 게잍 투] 2번 탑승 출입구가 어디죠?
67 gate	게잍	출입구	

68 exit	엑싵	출구	Where's the exit? [웨어즈 디 엑싵] 출구가 어디죠?
69 baggage	배기쥐	수하물	Where is the baggage claim area? [웨어 이즈 더 배기지 클래임 에어리어] 수하물 찾는 곳이 어디죠?
70 claim	클래임	요청	
71 delay	딜레이	연착	Is my flight delayed? [이즈 마이 플라잇 딜레이ㄷ] 제 비행기 연착됐어요?
72 cancel	캔스어ㄹ	취소	Is my flight cancelled? [이즈 마이 플라잇 캔스어ㄹㄷ] 제 비행기 취소됐어요?
73 currency	커렌시	통화	Where's the nearest currency exchange office? [웨어즈 더 니얼리스ㅌ 커렌시 익스췌인쥐 아프히ㅅ] 가장 가까운 환전소가 어디죠?
74 exchange	익스췌인쥐	교환	
75 office	아프히ㅅ	사무실	

← Currency Exchange Office

정리 다음 한국어는 영어로, 영어는 한국어로 쓰세요.

currency ( )	baggage ( )	international ( )	출구 ( )	arrival ( )
cancel ( )	출입구 ( )	exchange ( )	boarding ( )	delay ( )
환승 ( )	claim ( )	departure ( )	사무실 ( )	공항 ( )

원어민 발음을 듣고 큰 소리로 따라 읽은 후에 아래 횟수에 ✓ 표시하세요.

1번 2번 3번 4번 5번 6번 7번 8번 9번 10번

32

쇼핑할 때 꼭 나오는 단어

🎧 Track 33

1. 먼저, 가고 싶은 곳을 어떻게 찾아갈까요? 장소의 이름을 알아야 됩니다.

단어	발음	뜻	실전 회화
76 department store	디팔ㅌ먼ㅌ 스토어ㄹ	백화점	Where is a department store? 백화점이 어디에 있나요?
77 shopping mall	쇼핑모어ㄹ	쇼핑몰	Is that a shopping mall? 저게 쇼핑몰인가요?
78 outlet	아울레ㅌ	아울렛 매장	Is there an outlet around here? [이즈데어 언 아울레ㅌ 어라운ㄷ 히어ㄹ] 이 근처에 아울렛 매장이 있나요?
79 souvenir shop	슈버니어ㄹ 샤ㅍ	기념품 가게	Take me a souvenir shop. [텍미 어 슈버니어ㄹ 샤ㅍ] 기념품 가게로 데려다 주세요.
80 convenience Shop	컨비년ㅅ 샤ㅍ	편의점	Is there a convenience shop around here? 이 근처에 편의점이 있나요?

2. 주로 옷 가게에 많이 가게 되지요? 옷 살 때 쓰는 단어는 뭘까요?

단어	발음	뜻	실전 회화
81 help	헤어ㅍ	돕다	A: May I help you? [메아이 헤어ㅍ 유] 도와 드릴까요?
82 looking	루킹	보는 중	B: Just looking. [저스ㅌ 루킹] 그냥 보기만 하는 거예요.
83 larger	라아저ㄹ	더 큰 것	Any larger ones? [애니 라아져 원ㅈ] 더 큰 거 있나요?
84 smaller	스모어러ㄹ	더 작은 것	Any smaller ones? [애니 스모어러ㄹ 원ㅈ] 더 작은 거 있나요?
85 try on	트라이 언	입어 보다	Can I try on? [캐나이 트라이 언] 입어 볼 수 있어요?

3. 가격을 물어볼 때는 'How much (is it)?[하우 머취 (이짙)]'이라고 하는 거 아시죠? 그럼 가격을 깎을 때는 어떻게 할까요?

단어	발음	뜻	실전 회화
86 discount	디스카운ㅌ	할인하다	Discount, please. 깎아 주세요.
87 more	모어ㄹ	좀더	More discount, please. 좀 더 깎아 주세요.
88 expensive	익ㅅ펜시ㅂ	비싼	Too expensive. 너무 비싸요.
89 dollar	다알러ㄹ	달러	30 dallars, OK? [써리 다알러ㄹ 오우케이] 30달러로 해요, 알았죠?
90 come down	컴 다운	가격을 내리다	Come down little. [컴 다운 리를] 좀 깎아 줘요.

정리
다음 한국어는 영어로, 영어는 한국어로 쓰세요.

department store ( )	try on ( )	discount ( )	달러 ( )	souvenir shop ( )
expensive ( )	larger ( )	돕다 ( )	smaller ( )	쇼핑몰 ( )
아울렛 매장 ( )	좀더 ( )	looking ( )	convenience store ( )	come down ( )

원어민 발음을 듣고 큰 소리로 따라 읽은 후에 아래 횟수에 ✓ 표시하세요.

분발 하세요. 1번 2번 3번 4번 잘하고 있네요. 5번 6번 7번 8번 완전최고 9번 10번

33

식당에서 꼭 나오는 단어

Track 34

1. 메뉴를 보고 주문할 때 쓰는 단어는 어떤 것이 있을까요?

단어	발음	뜻	실전 회화
91 menu	메뉴우	메뉴	A menu, please. 메뉴를 보여 주세요.
92 Korean	커뤼언	한국어	A Korean menu, please. 한국어로 된 메뉴를 보여 주세요.
93 recommend	뤠커멘ㄷ	추천하다	What would you recommend? [왓 우쥬 뤠커멘ㄷ] 무엇을 추천해 주실 수 있나요?
94 this	ð디ㅅ	이것	What's this? [왓츠 ð디ㅅ] 이것은 뭔가요?
95 have	해ㅂ	먹다	I'll have this. [아윌 해ㅂ ð디ㅅ] 이걸로 먹겠습니다.
96 anything	애니θ씽	어떤 것	A: Anything else? [애니θ씽 앨ㅅ] 그 밖에 다른 것은요?
97 all	오어ㄹ	전부	B: That's all. [ð댓츠 오어ㄹ] 전부입니다.

2. 고기(스테이크)를 주문했을 때는 'How would you like? [하우쥬 라이ㅋ] (어떻게 구워 드릴까요?)'라고 얼마나 굽는지 물어봅니다.

단어	발음	뜻	실전 회화
98 rare	뤠어ㄹ	덜 구워진	Rare, please. 살짝 익혀 주세요.
99 medium	미디엄	보통	Medium, please. 보통으로 익혀 주세요.
100 well done	웨어ㄹ던	완전히 익힌	Well done, please. 완전히 익혀 주세요.

3. 이제 다 먹고 계산하러 나갈 때 쓰는 단어를 살펴봅시다.

단어	발음	뜻	실전 회화
101 doggy bag	도기배ㄱ	강아지 음식 봉지	Doggy bag, please. 남은 음식은 싸 주세요.
102 Dutch	덧취 [렛츠 고우 덧취]	네덜란드인	Let's go Dutch. 각자 냅시다.
103 separate	쎄퍼럿	분리된	Separate checks, please. 따로 계산서 주세요.
104 check	첵	계산서	
105 change	췌인지	잔돈	Keep the change. 잔돈은 가지세요.

101 doggy bag은 원래 남은 음식을 집에 있는 강아지를 준다는 의미에서 이렇게 표현했지만 지금은 남은 음식을 싸 달라는 의미로 자주 쓰여요.

특별히 네덜란드 사람들이 각자 내는 것을 좋아하는 것은 아니지만 옛날 영국 사람이 네덜란드 사람을 싫어해서 **102** Dutch 표현이 굳어진 것입니다.

정리 다음 한국어는 영어로, 영어는 한국어로 쓰세요.

계산서 ( )	anything ( )	recommend ( )	이것 ( )	한국어 ( )
rare ( )	separate ( )	잔돈 ( )	medium ( )	완전히 익힌 ( )
전부 ( )	doggy bag ( )	먹다 ( )	네덜란드인 ( )	menu ( )

원어민 발음을 듣고 큰 소리로 따라 읽은 후에 아래 횟수에 ✔ 표시하세요.

분발 하세요. 잘하고 있네요. 완전최고

1번 2번 3번 4번 5번 6번 7번 8번 9번 10번

34 호텔에서 꼭 나오는 단어

🎧 Track 35

1. 호텔에서 서비스를 요구할 때 쓰는 단어를 알아봅니다.

단어	발음	뜻	실전 회화
106 wake up call	웨이컵 코어ㄹ	모닝콜	A wake up call at 7, please 7시에 모닝콜 해 주세요.
107 extra	엑ㅅ트뤄	추가의	Two extra towels, please. 수건 두 개 더 주세요.
108 towel	타워어ㄹ	수건	
109 iron	아이언	다리미	Do you have an iron? [두유 해번 아이언] 다리미 있습니까?
110 hairdryer	헤어드롸이어ㄹ	헤어 드라이기	Do you have a hair dryer? 헤어 드라이기 있습니까?
111 laundry	론드뤼	세탁	Do you have a laundry service? 세탁 서비스가 있습니까?
112 internet	이너넷	인터넷	Do you have a free internet? 무료 인터넷이 있습니까?

2. 시간과 장소를 확인할 때 쓰는 단어를 배워 볼까요?

단어	발음	뜻	실전 회화
113 breakfast	브뤡프허스ㅌ	아침 식사	What time's breakfast? [왓타임즈 브뤡프허스ㅌ] 아침 식사는 몇 시에 있나요?
114 check out	췌크아웃	지불하고 나가다 (체크 아웃)	When is check out time? 체크 아웃은 몇 시입니까?
115 restaurant	뤠스토롼ㅌ	식당	Where is the hotel restaurant? 호텔 식당이 어디에 있나요?

3. 호텔에서는 늘 문제가 생기게 마련입니다. 이럴 때는 어떤 단어를 쓸까요?

단어	발음	뜻	실전 회화
116 room	룸	방	I'd like to change my room. [아이드 라익투 췌인지 마이 룸] 방을 바꾸고 싶어요.
117 cold	코얼드	추운	The room is too cold. 방이 너무 추워요.
118 hot	하트	더운	The room is too hot. 방이 너무 더워요.
119 lost	로스트	잃어버렸다	I lost my room key. 방 열쇠를 잃어 버렸어요.
120 key	키이	열쇠	

정리 다음 한국어는 영어로, 영어는 한국어로 쓰세요.

열쇠 ( )	restaurant ( )	breakfast ( )	towel ( )	추가의 ( )
internet ( )	방 ( )	체크 아웃 ( )	더운 ( )	laundry ( )
잃어버렸다 ( )	hairdryer ( )	iron ( )	모닝콜 ( )	추운 ( )

원어민 발음을 듣고 큰 소리로 따라 읽은 후에 아래 횟수에 ✔ 표시하세요.

분발하세요. 1번 2번 3번 4번 | 잘하고 있네요. 5번 6번 7번 8번 | 완전최고 9번 10번

35 관광할 때 꼭 나오는 단어

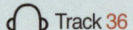 Track 36

1. 관광지에 갈 때 필요한 표현을 배워 봅시다.

단어	발음	뜻	실전 회화
121 map	[음]매ㅍ	지도	Can I have a map? 지도 좀 가져가도 되나요?
122 best	베스ㅌ	최고의	Where's the best place to visit? [웨어즈 더 베스ㅌ 프레이스 투 비짙] 어디가 제일 방문하기 좋은 곳입니까?
123 place	플레이ㅅ	장소	
124 open	오우픈	열다	What time do you open? 몇 시에 열어요?
125 close	클로우ㅈ	닫다	What time do you close? 몇 시에 닫아요?
126 city	씨리	도시	I'd like a city tour. [아이드 라이커 씨리 투어ㄹ] 시티 투어 하고 싶어요.
127 tour	투어ㄹ	관광	

2. 사진 찍을 때 필요한 표현을 배워 볼까요?

단어	발음	뜻	실전 회화
128 picture	픽춰ㄹ	사진	Can I take pictures? [캐나이 테잌 픽춸ㅈ] 사진 찍어도 되나요?
129 take	테이크	찍다	Can you take a picture for us? [캔유 테이커 픽춰ㄹ 프호러스] 우리 사진 좀 찍어 주실래요?
130 press	프레ㅅ	누르다	Just press here. [줘스ㅌ 프레스 히어ㄹ] 여기 누르시면 돼요.

3. 입장료를 내고 들어갈 때 쓰는 단어들은 무엇이 있을까요?

단어	발음	뜻	실전 회화
131 entrance	엔트뤈ㅅ	입구	Where's the entrance? 입구가 어디죠?
132 fee	프히이	요금	How much is the fee? 요금이 얼마죠?
133 adult	애더얼ㅌ	어른	Two adult tickets and two children tickets, please. 어른 표 2장, 아이 표 2장 주세요.
134 children	췰드뤈	아이들	
135 pamphlet	팸프흘렅	팸플렛 (안내 소책자)	Do you have a pamphlet? 팸플렛 있습니까?

135 pamphlet 대신에 brochure[브로슈어ㄹ]라고 하기도 합니다.

정리
다음 한국어는 영어로, 영어는 한국어로 쓰세요.

관광 ( )	닫다 ( )	place ( )	지도 ( )	열다 ( )
fee ( )	children ( )	찍다 ( )	도시 ( )	adult ( )
사진 ( )	entrance ( )	best ( )	pamphlet ( )	누르다 ( )

원어민 발음을 듣고 큰 소리로 따라 읽은 후에 아래 횟수에 ✔ 표시하세요.

분발 하세요. 잘하고 있네요. 완전최고
1번 2번 3번 4번 5번 6번 7번 8번 9번 10번

기초 과정 83

36 교통 이용할 때 꼭 나오는 단어

Track 37

1. 지하철을 타 보는 것도 아주 재미있습니다. 어떤 표현이 있을까요?

단어	발음	뜻	실전 회화
136 subway	써브웨이	지하철	Where's the nearest subway station? [웨어즈 더 니어리스트 써브웨이 스떼이션] 가장 가까운 지하철역이 어디입니까?
137 station	스떼이션	역	
138 booth	부우θㅆ	부스 (작은 공간)	Where is the ticket booth? 매표소가 어디입니까?
139 stop	스따ㅍ	정거장	How many stops till Fifth street? [하우 매니 스땊ㅅ 티어ㄹ 프휘쓰 스트릳] 5번 가까지 몇 정거장인가요?
140 till	티어ㄹ	~까지	

2. 이번에는 버스 타기입니다. 어떤 단어가 있는지 공부해 봅시다.

단어	발음	뜻	실전 회화
141 bus	버ㅅ	버스	Where is the bus terminal? 버스 터미널이 어디입니까?
142 terminal	터미너어ㄹ	터미널	
143 go	고우	가다	Do you go downtown? 시내로 가나요?
144 downtown	다운타운	시내	
145 get off	게로프ㅎ	내리다	I need to get off at City Hall. [아이 닏투 게로프ㅎ 앹 씨리 호어ㄹ] 시청에서 내려야 하는데요.

3. 마지막으로 택시입니다.

단어	발음	뜻	실전 회화
146 to	투	~로	To City Hall, please. 시청으로 가 주세요.
147 here	히어ㄹ	여기	Here's the address. 여기 주소요.
148 address	어듀뤠ㅅ	주소	
149 drop	드랍	떨어뜨리다	Drop me off here. [드랍미 아프ㅎ 히어ㄹ] 여기서 내려 주세요.
150 off	아프ㅎ	떨어진	

150 "Drop me off here." 대신에 간단히 "Stop here." 이라고 해도 됩니다.

정리

다음 한국어는 영어로, 영어는 한국어로 쓰세요.

station ( )	~로 ( )	till ( )	여기 ( )	버스 ( )
주소 ( )	drop ( )	시내 ( )	정거장 ( )	subway ( )
가다 ( )	terminal ( )	get off ( )	booth ( )	off ( )

원어민 발음을 듣고 큰 소리로 따라 읽은 후에 아래 횟수에 ✓ 표시하세요.

분발하세요. 1번 2번 3번 4번 | 잘하고 있네요. 5번 6번 7번 8번 | 완전최고 9번 10번

총정리

단어를 연결하여 여러 번 큰 소리로 읽어 보세요.

예) Water, please.　　　　Beer, please. …

Water (물) Red wine (적포도주) Tomato juice (토마토 주스) Tea (차) Chicken (닭고기) Newspaper (신문) Blanket (담요) Card (카드) Ticket (티켓) Window seat (창가 자리) A menu (메뉴) Doggy bag (강아지 봉지) Rare (살짝 익혀서) Well done (완전히 익혀서)	Beer (맥주) Orange juice (오렌지 주스) Hot coffee (뜨거운 커피) Coke (콜라) Beef (소고기) Magazine (잡지) Pillow (베개) Passport (여권) Two extra towels (수건 두 개 더) Aisle seat (복도 자리) A Korean menu (한국어 메뉴) Separate bill (계산서 따로) Medium (보통으로 익혀서)	**please** **(주세요,** **해 주세요)**

Where is (어디죠?)	the international airport? (국제 공항) the boarding gate 2? (2번 탑승 출입구) the exit? (출구) the baggage claim? (수화물 찾는 곳) the hotel restaurant? (호텔 식당) the entrance? (입구) the nearest subway station? (가까운 지하철역) the best place to visit? (방문하기 가장 좋은 곳) the ticket booth? (매표소) the bus terminal? (버스 터미널) the nearest currency exchange office? (가장 가까운 환전소)
What is (무엇이에요?)	this? (이것) the local time? (현지 시간) the purpose of your visit? (당신의 방문 목적) the arrival time? (도착 시간) the departure time? (출발 시간)

Step 3
기본 과정

이제 단어를 연결해서 문장을 만듭니다.
영어 회화는 결국 문장을 통해 완성됩니다. 좀 더 체계적으로 배우면 영어 회화 실력이 쑥쑥 향상됩니다.
먼저 가벼운 마음으로 쭉쭉 읽어 보세요. 그리고 나서 큰 소리로 따라 하며 연습해 보세요.
그러면 영어 문장에 대한 공포에서 벗어날 수 있습니다. 아울러 그 어려운 '회화'에서 '문법'까지 술술 풀리게 됩니다.

영어를 다시 시작하는 여러분
이제 영어가 연결되는 원리를 깨우칩시다!

이제 문장으로 된 회화를 해 보자!
이제 영어 공부한다고 문법책부터 뒤지지 말자!

37 주어와 동사의 만남

영어는 주어에서 출발합니다.

영어의 가장 기본은 **주어**입니다. 그런데 주어란 무엇일까요? 말 그대로 주어란 문장의 주인이지요. 그러면 문장이란 또 뭐냐고 물어볼 수도 있겠지만 우선 글의 흐름상 그 부분은 조금 후에 설명하겠습니다.

주어는 문장의 **주인**이라고 했는데요. 제대로 된 물건에는 모두 주인이 있듯이 제대로 된 문장에는 주어가 꼭 있습니다. 가끔 주어가 안 보일 때도 있지만 당장 눈에 안 보일 뿐이지 없는 것은 아닙니다.

예 Go! (가!) -- 원래 'You go! (너 가!)'인데 바로 앞에서 너인 줄 다 아니까 You 생략
이런 경우를 제외하면 웬만하면 주어부터 시작합니다.

주어의 가장 큰 특징은 꼭 **동사**를 데리고 다닌다는 겁니다. 주어 하나만 있으면 그림이 멈춘 느낌입니다. 주어에 동사를 붙이면 그림이 움직이는 거고요.

예를 들어 주어를 나(I)라고 해 볼게요.

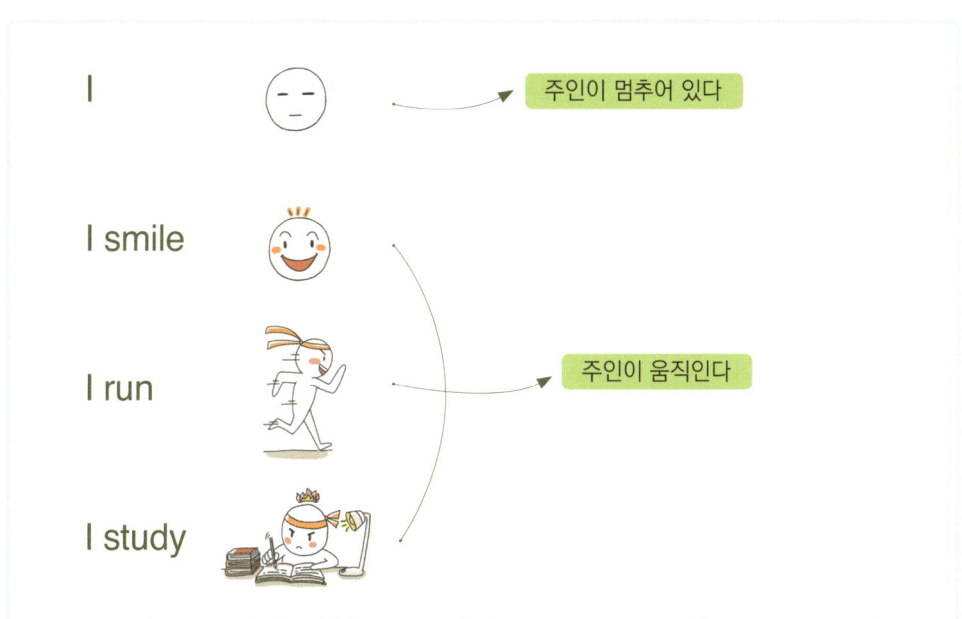

이렇게 주인이 움직이는 상황을 만들어 내는 것이 바로 **동사**이죠. 그래서 주어와 동사는 꼭 만나게 되고 이것이 바로 **문장**입니다. 이것이 단어 연결의 가장 기초가 됩니다. 그래서 영어 문장의 **뼈대**는 **주어 + 동사**입니다. 뼈대라는 말은 살을 붙일 수 있다는 것을 의미하죠. 살은 다음에 붙이고 여기서는 뼈대만 가지고 연습해 봅시다.

단어 연결 연습하기 A    Track 38

1. 듣고 큰 소리로 따라하세요.
2. 셀로판지로 가리고 큰 소리로 말해 보세요.

① **I go.**
나는 가고

② **You come.**
너는 오고

③ **I run.**
나는 달리고

④ **You run.**
너도 달리고

⑤ **We arrive.**
우리는 도착하지.

⑥ **He goes.**
그는 가고

⑦ **She comes.**
그녀는 오고

⑧ **He runs.**
그는 달리고

⑨ **She runs.**
그녀도 달리고

⑩ **They arrive.**
그들은 도착하지.

이것이 문법이다
주어가 1인칭(I), 2인칭(You)이 아닌 3인칭 단수(한 명)이면 동사 뒤에 s가 옵니다.

정리 아래 빈칸에 번호에 맞춰 영어 문장을 쓰세요.

1. I go.	2.	3.
4.	5.	6.
7.	8.	9.
10.		

스토리를 연상하며 책을 보지 않고 말해 본 후에 아래 횟수에 ✓ 표시하세요.

1번	2번	3번	4번	5번	6번	7번	8번	9번	10번
분발하세요.				잘하고 있네요.					완전최고

단어 연결 연습하기 B  Track 39

1. 듣고 큰 소리로 따라하세요.
2. 셀로판지로 가리고 큰 소리로 말해 보세요.

① **I look**.
나는 바라 보고

② **You talk**.
너는 말하지.

③ **I laugh**.
나는 웃고

④ **You laugh**.
너도 웃지.

⑤ **We fall**.
우리는 (사랑에) 빠지지.

⑥ **He looks**.
그는 바라 보고

⑦ **She talks**.
그녀는 말하지.

⑧ **He laughs**.
그는 웃고

⑨ **She laughs**.
그녀도 웃지.

⑩ **They fall**.
그들은 (사랑에) 빠지지.

정리 아래 빈칸에 번호에 맞춰 영어 문장을 쓰세요.

1. I look.	2.	3.
4.	5.	6.
7.	8.	9.
10.		

스토리를 연상하며 책을 보지 않고 말해 본 후에 아래 횟수에 ✔ 표시하세요.

분발하세요. 1번 2번 3번 4번 잘하고 있네요. 5번 6번 7번 8번 완전최고 9번 10번

38
난 갈 거야.

동사에도 살을 붙일 수 있어요.
주어 + 동사의 뼈대에서 동사에 살을 붙이면 어떻게 될까요?
'~할 거야'라는 뜻이 있는 will을 붙여 보겠습니다.
will의 발음은 [위어ㄹ]입니다.

| I | go | 뼈대 |
| 나는 | 가다 | |

| I will go | | 동사에 살을 붙임 |
| 나는 | 갈 거야. | |

이렇게 동사에다가 살을 붙이면 뜻이 조금 추가돼요.

will처럼 동사에 붙여 쓰는 말을 문법 용어로는 **조동사**라고 합니다.

동사 하나만 있으면 주어의 행동만 보여 주는데
동사에 will을 붙이면 **주어의 의지**가 추가로 나타나요.

주어를 나(I)라고 하고 또 예를 들어 보겠습니다.

이렇게 주인에게 의지를 넣어 주는 것이 **조동사 will**이죠.

조동사 will은 동사보다 먼저 옵니다.

will go　(O)

go will　(X)

그럼 조동사 will을 넣어 연습해 볼까요?

단어 연결 연습하기 A  Track 40

1. 듣고 큰 소리로 따라하세요.
2. 셀로판지로 가리고 큰 소리로 말해 보세요.

① I will go.
나는 갈 거고

② You will come.
너는 올 거야.

③ I will run.
나는 달릴 거고

④ You will run.
너도 달릴 거야.

⑤ We will arrive.
우리는 도착할 거야.

⑥ He will go.
그는 갈 거고

⑦ She will come.
그녀는 올 거야.

⑧ He will run.
그는 달릴 거고

⑨ She will run.
그녀도 달릴 거야.

⑩ They will arrive.
그들은 도착할 거야.

이것이 문법이다
조동사 뒤에 오는 동사에는 -s를 포함해서 아무것도 안 붙어요.

정리 아래 빈칸에 번호에 맞춰 영어 문장을 쓰세요.

1. I will go.	2.	3.
4.	5.	6.
7.	8.	9.
10.		

스토리를 연상하며 책을 보지 않고 말해 본 후에 아래 횟수에 ✓ 표시하세요.

단어 연결 연습하기 B  🎧 Track 41

1. 듣고 큰 소리로 따라하세요.
2. 셀로판지로 가리고 큰 소리로 말해 보세요.

① I will look.
나는 바라볼 거고

② You will talk.
너는 말할 거야.

③ I will laugh.
나는 웃을 거고

④ You will laugh.
너도 웃을 거야.

⑤ We will fall.
우리는 (사랑에) 빠질 거야.

⑥ He will look.
그는 바라볼 거고

⑦ She will talk.
그녀는 말할 거야.

⑧ He will laugh.
그는 웃을 거고

⑨ She will laugh.
그녀도 웃을 거야.

⑩ They will fall.
그들은 (사랑에) 빠질 거야.

정리 아래 빈칸에 번호에 맞춰 영어 문장을 쓰세요.

1. I will look.	2.	3.
4.	5.	6.
7.	8.	9.
10.		

스토리를 연상하며 책을 보지 않고 말해 본 후에 아래 횟수에 ✓ 표시하세요.

기본 과정 **97**

39
난 가야 해.

이번에는 '~해야 해'라는 뜻을 넣어 볼까요?
대표적인 **조동사**로 must와 should가 있습니다.
must의 발음은 [머스ㅌ]이고 should의 발음은 [슈우ㄷ]입니다.
절대 '머스트', '슈드'로 발음하지 마세요. 끝소리는 항상 약하게~! 아시죠?

MUST > SHOULD
강압적인 분위기   조금 부드러운 분위기

뜻은 둘 다 '~해야 한다'라는 뜻이지만 must는 강압적으로 '꼭 해야 한다'는 뜻이고 should는 '그렇게 하는 게 좋겠다' 정도의 분위기입니다.

그럼 조동사 must와 should를 직접 넣어 볼까요?

이번에는 주어를 '그(He)'라고 하고 예를 들어 보겠습니다.

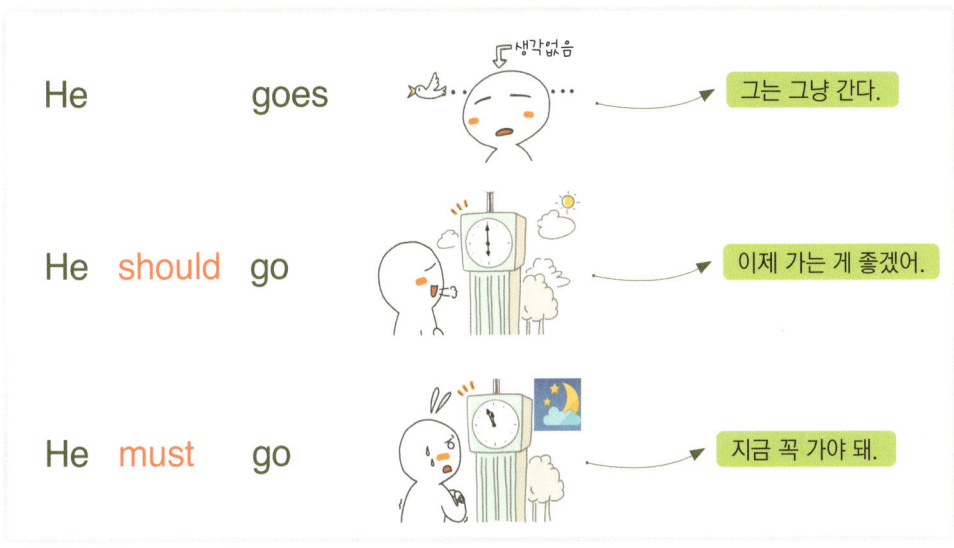

must나 should도 조동사니까 동사보다 먼저 옵니다.

must go　(O)　　　　should go (O)

go must　(X)　　　　go should (X)

그럼 조동사 must와 should를 넣어 연습해 볼까요?

단어 연결 연습하기 A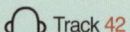

1. 듣고 큰 소리로 따라하세요.
2. 셀로판지로 가리고 큰 소리로 말해 보세요.

① I must go.
나는 가야 하고

② You must come.
너는 와야 해.

③ I must run.
나는 달려야 하고

④ You must run.
너도 달려야 해.

⑤ We must arrive.
우리는 도착해야 해.

⑥ He must go.
그는 가야 하고

⑦ She must come.
그녀는 와야 해.

⑧ He must run.
그는 달려야 하고

⑨ She must run.
그녀도 달려야 해.

⑩ They must arrive.
그들은 도착해야 해.

이것이 문법이다
조동사 + 동사 원형
He must go (O)   He must goes (X)
He should go (O)   He should goes (X)

정리 아래 빈칸에 번호에 맞춰 영어 문장을 쓰세요.

1. I must go.	2.	3.
4.	5.	6.
7.	8.	9.
10.		

스토리를 연상하며 책을 보지 않고 말해 본 후에 아래 횟수에 ✔ 표시하세요.

단어 연결 연습하기 B

Track 43

1. 듣고 큰 소리로 따라하세요.
2. 셀로판지로 가리고 큰 소리로 말해 보세요.

① I should look.
나는 바라봐야 하고

② You should talk.
너는 말해야 해.

③ I should laugh.
나는 웃어야 하고

④ You should laugh.
너도 웃어야 해.

⑤ We should fall.
우리는 (사랑에) 빠져야 해.

⑥ He should look.
그는 바라봐야 하고

⑦ She should talk.
그녀는 말해야 해.

⑧ He should laugh.
그는 웃어야 하고

⑨ She should laugh.
그녀도 웃어야 해.

⑩ They should fall.
그들은 (사랑에) 빠져야 해.

정리 아래 빈칸에 번호에 맞춰 영어 문장을 쓰세요.

1. I should look.	2.	3.
4.	5.	6.
7.	8.	9.
10.		

스토리를 연상하며 책을 보지 않고 말해 본 후에 아래 횟수에 ✔ 표시하세요.

1번 2번 3번 4번 5번 6번 7번 8번 9번 10번

분발하세요. 잘하고 있네요. 완전최고

기본 과정 101

40
나 안 가.

'안 간다'는 말을 할 때도 조동사를 씁니다.
조동사가 동사에 뜻을 더해 준다는 거 기억하시죠?
'안 간다'도 '간다'라는 동사에 '안'이라는 뜻이 추가된 거죠.
그래서 조동사가 필요합니다. 그럼 어떤 조동사를 써야 할까요?

DO NOT입니다. 발음은 [두낱]입니다.
DO NOT에서 뒤의 O를 빼서 DON'T[돈트]라고 합니다. N과 T 사이의 '는 '어퍼스트로피'라고 읽고 '글자를 빼서 줄였다'는 뜻입니다.

I	do not	go.
나	안	가.
	조동사	

제발 이렇게 쓰지 맙시다!
I not go. (X)   I no go. (X)
I go not. (X)   I go no. (X)
I am not go. (X)

do 조동사는 다른 조동사와 다르게 스스로 바뀝니다.
좀 약한 조동사라는 얘기입니다. 그래서,
주어가 3인칭 단수이면 do not이 does not[더ㅈ 낱]으로 바뀝니다.
주어가 3인칭 단수이면 don't가 doesn't[더즌ㅌ]로 바뀝니다.

1인칭 단수	I do not(= don't) go.	나 안 가.
2인칭 단수	You do not(= don't) go.	넌 안 가.
1인칭 복수	We do not(= don't) go.	우린 안 가.
3인칭 단수	He does not(= doesn't) go.	그는 안 가.
3인칭 단수	She does not(= doesn't) go.	그녀는 안 가.

회화에서는 보통 don't나 doesn't로 줄여서 써요.
그럼 줄인 형태로 연습해 볼까요?

단어 연결 연습하기 A

Track 44

1. 듣고 큰 소리로 따라하세요.
2. 셀로판지로 가리고 큰 소리로 말해 보세요.

① I don't go.
나는 가지 않고

② You don't come.
너는 오지 않지.

③ I don't run.
나는 달리지 않고

④ You don't run.
너도 달리지 않지.

⑤ We don't arrive.
우리는 도착하지 않지.

⑥ He doesn't go.
그는 가지 않고

⑦ She doesn't come.
그녀는 오지 않지.

⑧ He doesn't run.
그는 달리지 않고

⑨ She doesn't run.
그녀도 달리지 않지.

⑩ They don't arrive.
그들은 도착하지 않지.

이것이 문법이다
don't나 doesn't도 조동사입니다.
따라서
don't(doesn't) + 동사 원형
He doesn't goes.(X)
She doesn't goes.(X)

정리 아래 빈칸에 번호에 맞춰 영어 문장을 쓰세요.

1. I don't go.	2.	3.
4.	5.	6.
7.	8.	9.
10.		

스토리를 연상하며 책을 보지 않고 말해 본 후에 아래 횟수에 ✓ 표시하세요.

단어 연결 연습하기 B

Track 45

1. 듣고 큰 소리로 따라하세요.
2. 셀로판지로 가리고 큰 소리로 말해 보세요.

① I don't look.
나는 바라보지 않고

② You don't talk.
너는 말하지 않지.

③ I don't laugh.
나는 웃지 않고

④ You don't laugh.
너도 웃지 않지.

⑤ We don't fall.
우리는 (사랑에) 빠지지 않지.

⑥ He doesn't look.
그는 바라보지 않고

⑦ She doesn't talk.
그녀는 말하지 않지.

⑧ He doesn't laugh.
그는 웃지 않고

⑨ She doesn't laugh.
그녀도 웃지 않지.

⑩ They don't fall.
그들은 (사랑에) 빠지지 않지.

정리 아래 빈칸에 번호에 맞춰 영어 문장을 쓰세요.

1. I don't look.	2.	3.
4.	5.	6.
7.	8.	9.
10.		

스토리를 연상하며 책을 보지 않고 말해 본 후에 아래 횟수에 ✔ 표시하세요.

41

나는 공원에 가 .

'주어 + 동사' 뼈대 뒤에 전치사를 붙입니다.

이제 동사 앞에 붙이는 조동사는 끝났어요. 이번엔 뼈대 뒤에 붙여 봅시다. 영어 문장은 놀이터에 있는 시소랑 비슷해요. 한쪽 자리에 앉아 있으면 앉아 있는 쪽으로 시소가 기울죠. 재미있게 타려면 반대편에도 누군가 앉아야 해요. 영어 문장도 마찬가지로 균형을 위해 보통 오른쪽에 뭔가가 와요.

그중 첫 번째는 전치사입니다.

예를 들면 I go + to the park. (나는 공원에 갑니다.)
　　　　　　　　　　전치사(~에) 명사(공원)

전치사는 혼자 못 쓰고 항상 명사랑 같이 와요.

명사 앞에 오는 전치사는 여러 가지 뜻이 있어요.

가장 대표적인 전치사인 to는 방향을 나타내죠.

우리말로는 '(어디 어디)에'나 '(어디 어디)로'의 뜻입니다.

그럼 다른 전치사의 의미를 좀더 알아볼까요?

to	⤵	방향성을 지님(그곳으로). 특정 사람 앞에서 '~에게'라는 뜻으로도 쓰임.
at	●	가장 작은 공간. 정확한 그 위치. 간혹 바로 앞에 있는 대상을 가리키기도 함.
on	▭	2차원적 평면 위. 상대적으로 중간 범위. 요일이나 날짜 앞에서도 쓰임.
in	⬛	3차원적 공간 안. 상대적으로 큰 범위. '사랑'처럼 추상적으로 아주 넓은 곳 앞에서도 쓰임.

이제 **주어 + 동사** 뼈대에 전치사를 붙여서 연습해 봅시다.

단어 연결 연습하기 A

Track 46

1. 듣고 큰 소리로 따라하세요.
2. 셀로판지로 가리고 큰 소리로 말해 보세요.

① I go to the park.
나는 공원으로 가고

② You come to the park.
너는 공원으로 오지.

③ I run to the park.
나는 공원으로 달리고

④ You run to the park.
너도 공원으로 달리지.

⑤ We arrive at the park.
우리는 공원에 도착하지.

⑥ He goes to the park.
그는 공원에 가고

⑦ She comes to the park.
그녀는 공원에 오지.

⑧ He runs to the park.
그는 공원으로 달리고

⑨ She runs to the park.
그녀도 공원으로 달리지.

⑩ They arrive at the park.
그들은 공원에 도착하지.

정리

아래 빈칸에 번호에 맞춰 영어 문장을 쓰세요.

1. I go to the park.	2.	3.
4.	5.	6.
7.	8.	9.
10.		

스토리를 연상하며 책을 보지 않고 말해 본 후에 아래 횟수에 ✓ 표시하세요.

단어 연결 연습하기 B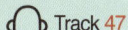

1. 듣고 큰 소리로 따라하세요.
2. 셀로판지로 가리고 큰 소리로 말해 보세요.

① I look at you.
나는 너를 바라 보고

② You talk to me.
너는 내게 말하지.

③ I laugh at the joke.
나는 농담에 웃고

④ You laugh at the joke.
너도 농담에 웃지.

⑤ We fall in love.
우리는 사랑에 빠지지.

⑥ He looks at her.
그는 그녀를 바라 보고

⑦ She talks to him.
그녀는 그에게 말하지.

⑧ He laughs at the joke.
그는 농담에 웃고

⑨ She laughs at the joke.
그녀도 농담에 웃지.

⑩ They fall in love.
그들은 사랑에 빠지지.

정리 아래 빈칸에 번호에 맞춰 영어 문장을 쓰세요.

1. I look at you.	2.	3.
4.	5.	6.
7.	8.	9.
10.		

스토리를 연상하며 책을 보지 않고 말해 본 후에 아래 횟수에 ✓ 표시하세요.

총정리

우리는 지금까지 영어 단어의 기본 연결 방법을 배웠습니다.

1. 영어 문장은 주어로 시작해서 동사로 연결되고 그것이 바로 뼈대입니다.
   주어 + 동사 = 뼈대

2. 동사 앞에 조동사를 붙여서 동사에 의미를 추가할 수 있습니다.
   will은 '~할 것이다'라는 뜻입니다.
   조동사 다음에는 동사 원형이 온다는 것도 알아봤습니다.

3. must, should는 '~해야 한다'의 뜻입니다.
   must는 should보다 좀 더 강한 표현입니다.

4. '~을 안 한다'는 표현도 배웠습니다. do not(don't)을 넣어 주면 되는데 do not은 좀 약한 조동사라 주어가 3인칭 단수이면 does not으로 바뀝니다.

5. **주어 +동사** 뼈대 뒤에 전치사를 붙일 수 있습니다. 마치 시소처럼 균형 있는 문장을 만들려면 동사 뒤에 무언가가 오는 것이 좋다는 것도 알게 되었습니다. 전치사는 항상 명사와 함께 써야 합니다.

지금까지 살펴본 문장을 영문법에서는 1형식이라고 합니다.

5형식이라고 들어 보셨죠? 그중에 1형식 문장만 배운 겁니다.

1. 주어와 동사만 있는 경우　　(주어 + 동사)
2. 주어와 동사에 전치사만 붙인 경우　(주어 + 동사 + 전치사)
두 경우가 바로 1형식입니다.

물론 이런 용어에 신경 쓰고 싶지 않은 분은 무시하고 지나치셔도 됩니다. 다만 학습의 체계를 위해 이 책에서는 1형식, 2형식, 3형식, 4형식, 5형식 순으로 나오게 된다는 정도만 알고 계세요.

어려운 문법을 억지로 외울 필요는 없습니다.

지금까지 한 것처럼 성실하게 공부하면 여러분은 자연스럽게 5형식을 체득하게 되니까요.

지금까지 배운 것에 자신 없는 분은 앞으로 돌아가서 빨간 셀로판지를 대고 계속 연습하세요. 자연스럽게 입에 착~ 붙을 때까지요.

42

나는 키가 커.

'주어 + 동사' 뼈대 뒤에 형용사를 붙입니다.

이번에는 뼈대 뒤에 형용사를 붙여 봅시다. 형용사를 붙일 때는 주로 be[비이] 동사가 와요.

먼저 **형용사**란 뭘까요?

우리말로 '예쁜, 큰, 작은, 배고픈, 재미있는' 등에 해당되는 말입니다. 끝에 '~ㄴ'이 들어가면 대부분 형용사입니다. 형용사는 성질, 모양, 크기, 상태, 특징 등을 설명하죠.

그럼 형용사 앞에 붙는 be 동사란 무엇일까요?

be 동사는 우리말로 '~이다', '~있다', '~하다'라는 뜻의 동사죠.

그런데 be는 동사 원형(아무것도 붙이지 않은 원래 형태)이고 주어에 따라 형태가 다양하게 바뀌어요.

주어	be 동사	결합 형태
I (1인칭 단수)	am	I am [아이엠]
You (2인칭 단수 또는 복수)	are	You are [유~어ㄹ]
He/She/It (3인칭 단수)	is	He is [히이즈]
They (3인칭 복수)	are	They are [데이어ㄹ]

흔히 You are → You're [유어ㄹ]

　　　He is, She is → He's, She's [히ㅈ, 쉬ㅈ]

　　　They are → They're [데어ㄹ]

와 같이 줄여서 말합니다.

그럼 '주어 + 동사 + 형용사'로 예를 들어 볼까요?

　　　I　　am　　+　　happy　　　　　나는 행복해요
　　　　　be동사　　　　　형용사(주어의 상태를 설명)

　　　He　　is　　+　　big　　　　　그는 커요
　　　　　be동사　　　　　형용사(주어의 크기를 설명)

이제 '주어 + 동사 + 형용사'로 이루어진 문장을 연습해 봅시다.

단어 연결 연습하기 A

Track 48

1. 듣고 큰 소리로 따라하세요.
2. 셀로판지로 가리고 큰 소리로 말해 보세요.

① I'm tall.
나는 키가 크고

② You're short.
너는 작지.

③ I'm fat.
나는 뚱뚱하고

④ You're thin.
너는 말랐지.

⑤ We're good.
우리는 좋아.

⑥ He's tall.
그는 키가 크고

⑦ She's short.
그녀는 작지.

⑧ He's fat.
그는 뚱뚱하고

⑨ She's thin.
그녀는 말랐지.

⑩ They're good.
그들은 좋아.

정리 아래 빈칸에 번호에 맞춰 영어 문장을 쓰세요.

1. I'm tall.	2.	3.
4.	5.	6.
7.	8.	9.
10.		

스토리를 연상하며 책을 보지 않고 말해 본 후에 아래 횟수에 ✓ 표시하세요.

단어 연결 연습하기 B

Track 49

1. 듣고 큰 소리로 따라하세요.
2. 셀로판지로 가리고 큰 소리로 말해 보세요.

① I'm handsome.
나는 잘생겼고

② You're pretty.
너는 예쁘지.

③ I'm heavy.
나는 무겁고

④ You're light.
너는 가볍지.

⑤ We're happy.
우리는 행복하지.

⑥ He's handsome.
그는 잘생겼고

⑦ She's pretty.
그녀는 예쁘지.

⑧ He's heavy.
그는 무겁고

⑨ She's light.
그녀는 가볍지.

⑩ They're happy.
그들은 행복하지.

정리 아래 빈칸에 번호에 맞춰 영어 문장을 쓰세요.

1. I'm handsome.	2.	3.
4.	5.	6.
7.	8.	9.
10.		

스토리를 연상하며 책을 보지 않고 말해 본 후에 아래 횟수에 ✓ 표시하세요.

43

나는 키 안 커.

be 동사가 있을 때는 그냥 NOT[낱]을 붙여서 부정을 만듭니다.

DO NOT을 썼던 경우 기억나시죠?

I go와 I am tall을 부정으로 만드는 법을 서로 비교해 보시죠.

I   do not   go.
나   안   가 ------ 동사 (be 동사 아님)

I   am not   tall
나   안   커
                                     → be 동사

이렇게 되는 이유는 I go에서는 do라는 조동사를 넣었는데 I am tall에서는 am이 조동사 역할을 하니까 not만 붙이는 거죠. 무슨 말인지 잘 모르시면 그냥 넘어가도 됩니다. 혹시 이렇게 되는 이유가 궁금하신 분들이 있을까 해서 문법 설명을 좀 한 것뿐입니다. 중요한 것은 문법 설명이 아니라 실제 사용하는 방법이죠.

be 동사 다음에도 조동사처럼 그 무엇이 와도 그냥 not만 붙입니다.

I am not   You are not
He is not   She is not
We are not   They are not

이제 '주어 + be 동사 not + 형용사'로 이루어진 문장을 연습해 봅시다.

단어 연결 연습하기 A 　　Track 50

1. 듣고 큰 소리로 따라하세요.
2. 셀로판지로 가리고 큰 소리로 말해 보세요.

① I'm not tall.
나는 크지 않고

② You're not short.
너는 작지 않지.

③ I'm not fat.
나는 뚱뚱하지 않고

④ You're not thin.
너는 마르지 않았지.

⑤ We're not bad.
우리는 나쁘지 않아.

⑥ He's not tall.
그는 키가 크지 않고

⑦ She's not short.
그녀는 작지 않지.

⑧ He's not fat.
그는 뚱뚱하지 않고

⑨ She's not thin.
그녀는 마르지 않았지.

⑩ They're not bad.
그들은 나쁘지 않아.

정리 아래 빈칸에 번호에 맞춰 영어 문장을 쓰세요.

1. I'm not tall.	2.	3.
4.	5.	6.
7.	8.	9.
10.		

스토리를 연상하며 책을 보지 않고 말해 본 후에 아래 횟수에 ✓ 표시하세요.

단어 연결 연습하기 B

Track 51

1. 듣고 큰 소리로 따라하세요.
2. 셀로판지로 가리고 큰 소리로 말해 보세요.

① I'm not handsome.
나는 잘생기지 않았고

② You're not pretty.
너는 예쁘지 않지.

③ I'm not heavy.
나는 무겁지 않고

④ You're not light.
너는 가볍지 않지.

⑤ We're not sad.
우리는 슬프지 않아.

⑥ He's not handsome.
그는 잘생기지 않았고

⑦ She's not pretty.
그녀는 예쁘지 않지.

⑧ He's not heavy.
그는 무겁지 않고

⑨ She's not light.
그녀는 가볍지 않지.

⑩ They're not sad.
그들은 슬프지 않아.

정리 아래 빈칸에 번호에 맞춰 영어 문장을 쓰세요.

1. I'm not handsome.	2.	3.
4.	5.	6.
7.	8.	9.
10.		

스토리를 연상하며 책을 보지 않고 말해 본 후에 아래 횟수에 ✓ 표시하세요.

기본 과정 119

44

나 가수야.

'주어 + 동사' 뼈대 뒤에 명사를 붙입니다.

이번에는 뼈대 뒤에 명사를 붙여 봅시다. 아래 그림처럼 be 동사 뒤에 명사를 붙일 수 있어요.

먼저 **명사**란 뭘까요? 사람이나 사물의 이름을 말하죠. 연필(pencil), 책상(desk), 사탕(candy), 버스(bus), 친구(friend), 아빠(dad), 주스(juice) 등은 모두 명사입니다. 그런데 꼭 보이는 것만 명사는 아니에요. 사랑(love)이나 지혜(wisdom)처럼 눈에 보이지 않은 것도 명사입니다.

be 동사가 형용사 앞에 쓰일 때는 주로 '~하다'라고 해석되고
명사 앞에 쓰일 때는 주로 '~이다'라고 해석되죠.

그럼 'He(그)'를 주어로 해서 예를 들어 볼게요.

    He   is + kind   ⟶   그는 친절하다.
          하다   형용사(친절한)

    He   is + a teacher. ⟶   그는 선생님이다.
          이다   명사(선생님)

'주어 + be 동사 + 형용사'에서 주어와 형용사는 같지 않습니다.

He(그) ≠ kind(친절한)

'주어 + be 동사 + 명사'에서 주어와 명사는 같습니다.

He   is   a teacher   He(그) = a teacher (선생님)

이제 '주어 + be 동사 + 명사'로 이루어진 문장을 연습해 봅시다.

단어 연결 연습하기 A

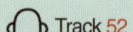

1. 듣고 큰 소리로 따라하세요.
2. 셀로판지로 가리고 큰 소리로 말해 보세요.

① I'm a singer.
나는 가수고

② You're a teacher.
너는 선생님이지.

③ I'm your husband.
나는 네 남편이고

④ You're my wife.
너는 내 아내지.

⑤ We're a couple.
우리는 부부야.

⑥ He's a singer.
그는 가수고

⑦ She's a teacher.
그녀는 선생님이지.

⑧ He's her husband.
그는 그녀의 남편이고

⑨ She's his wife.
그녀는 그의 아내지.

⑩ They're a couple.
그들은 부부야.

> **이것이 문법이다**
> 하나, 둘 셀 수 있는 보통의 명사 앞에는 a와 같은 관사가 오지요. his나 her이 오면 관사를 안 씁니다.

정리
아래 빈칸에 번호에 맞춰 영어 문장을 쓰세요.

1. I'm a singer.	2.	3.
4.	5.	6.
7.	8.	9.
10.		

스토리를 연상하며 책을 보지 않고 말해 본 후에 아래 횟수에 ✓ 표시하세요.

단어 연결 연습하기 B

Track 53

1. 듣고 큰 소리로 따라하세요.
2. 셀로판지로 가리고 큰 소리로 말해 보세요.

① **I'm a dancer.**
나는 댄서고

② **You're a writer.**
너는 작가지.

③ **I'm a dad.**
나는 아빠고

④ **You're a mom.**
너는 엄마지.

⑤ **We're parents.**
우리는 부모야.

⑥ **He's a dancer.**
그는 댄서고

⑦ **She's a writer.**
그녀는 작가지.

⑧ **He's a dad.**
그는 아빠고

⑨ **She's a mom.**
그녀는 엄마지.

⑩ **They're parents.**
그들은 부모야.

정리 아래 빈칸에 번호에 맞춰 영어 문장을 쓰세요.

1. I'm a dancer.	2.	3.
4.	5.	6.
7.	8.	9.
10.		

스토리를 연상하며 책을 보지 않고 말해 본 후에 아래 횟수에 ✓ 표시하세요.

45

나 가수였어.

be 동사를 바꿔서 과거의 표현을 만듭니다.
우리말에 '었, 였, 했' 등에 해당하는 과거 표현은 be 동사를 바꾸면 됩니다.

나 가수야.   I   am   a singer.
                   ↓
나 가수였어. I   was a singer.

우리가 말을 하다 보면 과거 표현을 참 많이 사용합니다. 시간은 계속 흐르기 때문에 찰나에 '지금'이 '과거'가 되기 때문이죠.
그래서 과거형으로 만드는 법을 잘 알아야 합니다.
우선 be 동사가 포함된 문장에서 어떻게 과거형을 만드는지 배웁시다. 나중에는 일반 동사(be 동사가 아닌 동사)의 과거형 만드는 법도 배울 겁니다.

be 동사는 주어에 따라서 변하는 것이 특징입니다.

주어	현재 be 동사	과거 be 동사
I	am	was
You	are	were
He/She	is	was
We/They	are	were

암기하지 말고 여러 번 읽어서 익숙해지면 됩니다.

그럼 실제 예를 들어 볼게요.

주어	과거 문장
I	I was a student. 나는 학생이었어.
You	You were a student. 너는 학생이었어.
He	He was a singer. 그는 가수였어.
She	She was a singer. 그녀는 가수였어.
We	We were students. 우리는 학생이었어.
They	They were singers. 그들은 가수였어.

이제 '주어 + be 과거 동사 + 명사'로 이루어진 문장을 연습해 봅시다.

단어 연결 연습하기 A  Track 54

1. 듣고 큰 소리로 따라하세요.
2. 셀로판지로 가리고 큰 소리로 말해 보세요.

① I was a singer.
나는 가수였고

② You were a teacher.
너는 선생님이었지.

③ I was your husband.
나는 네 남편이었고

④ You were my wife.
너는 내 아내였지.

⑤ We were a couple.
우리는 부부였어.

⑥ He was a singer.
그는 가수였고

⑦ She was a teacher.
그녀는 선생님이었지.

⑧ He was her husband.
그는 그녀의 남편이었고

⑨ She was his wife.
그녀는 그의 아내였지.

⑩ They were a couple.
그들은 부부였어.

이것이 문법이다
be 동사의 과거형은
was와 were뿐입니다.

정리 아래 빈칸에 번호에 맞춰 영어 문장을 쓰세요.

1. I was a singer.	2.	3.
4.	5.	6.
7.	8.	9.
10.		

스토리를 연상하며 책을 보지 않고 말해 본 후에 아래 횟수에 ✔ 표시하세요.

단어 연결 연습하기 B

Track 55

1. 듣고 큰 소리로 따라하세요.
2. 셀로판지로 가리고 큰 소리로 말해 보세요.

① I was a dancer.
나는 댄서였고

② You were a writer.
너는 작가였지.

③ I was a dad.
나는 아빠였고

④ You were a mom.
너는 엄마였지.

⑤ We were parents.
우리는 부모였어.

⑥ He was a dancer.
그는 댄서였고

⑦ She was a writer.
그녀는 작가였지.

⑧ He was a dad.
그는 아빠였고

⑨ She was a mom.
그녀는 엄마였지.

⑩ They were parents.
그들은 부모였어.

정리 아래 빈칸에 번호에 맞춰 영어 문장을 쓰세요.

1. I was a dancer.	2.	3.
4.	5.	6.
7.	8.	9.
10.		

스토리를 연상하며 책을 보지 않고 말해 본 후에 아래 횟수에 ✔ 표시하세요.

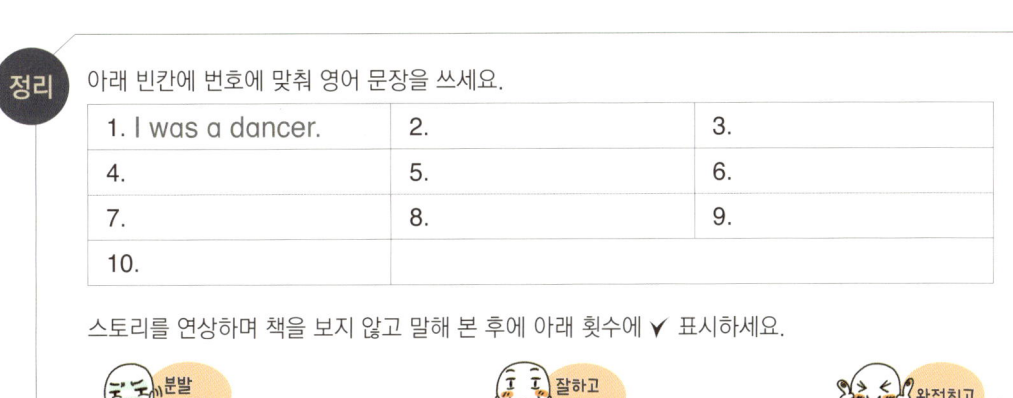

46 내가 가수니?

물어보는 표현은 '의문문'이라고 합니다.
문장 안에 be 동사가 있을 때 물어보려면 어떻게 하죠?

아주 간단합니다.
be 동사를 맨 앞으로 보내기만 하면 됩니다.

맨 뒤에 명사가 오든 형용사가 오든 관계없이 무조건 be 동사는 앞으로 보내죠.

의문문을 만들 때 주의 사항 세 가지!
1. be 동사가 맨 앞으로 오니까 be 동사 첫 글자의 소문자 → 대문자
2. 대문자이던 주어의 첫 자는 대문자 → 소문자
3. 문장 끝에는 물음표(?)

그럼 'She(그녀)'를 주어로 해서 예를 들어 볼게요.

She is a doctor. ⟶ Is she a doctor?
그녀는 의사다.   그녀가 의사니?

She is a teacher. ⟶ Is she a teacher?
그녀는 선생님이다.   그녀가 선생님이니?

be 동사의 의문문은 끝을 올려 말해요.

Is she a pilot?
그녀가 파일럿이니?

이제 'be 동사 + 주어 + 명사'로 이루어진 문장을 연습해 봅시다.

단어 연결 연습하기 A

Track 56

1. 듣고 큰 소리로 따라하세요.
2. 셀로판지로 가리고 큰 소리로 말해 보세요.

① **Am I a singer?**
내가 가수니?

② **Are you a teacher?**
네가 선생님이니?

③ **Am I your husband?**
내가 네 남편이니?

④ **Are you my wife?**
네가 내 아내니?

⑤ **Are we a couple?**
우리가 부부니?

⑥ **Is he a singer?**
그가 가수니?

⑦ **Is she a teacher?**
그녀가 선생님이니?

⑧ **Is he her husband?**
그가 그녀의 남편이니?

⑨ **Is she his wife?**
그녀가 그의 아내니?

⑩ **Are they a couple?**
그들이 부부니?

이것이 문법이다
I(나는, 내가)는 언제나 대문자 입니다.

정리 아래 빈칸에 번호에 맞춰 영어 문장을 쓰세요.

1. Am I a singer?	2.	3.
4.	5.	6.
7.	8.	9.
10.		

스토리를 연상하며 책을 보지 않고 말해 본 후에 아래 횟수에 ✓ 표시하세요.

단어 연결 연습하기 B  Track 57

1. 듣고 큰 소리로 따라하세요.
2. 셀로판지로 가리고 큰 소리로 말해 보세요.

① **Am I** a dancer?
내가 댄서니?

② **Are you** a writer?
네가 작가니?

③ **Am I** a dad?
내가 아빠니?

④ **Are you** a mom?
네가 엄마니?

⑤ **Are we** parents?
우리가 부모니?

⑥ **Is he** a dancer?
그가 댄서니?

⑦ **Is she** a writer?
그녀가 작가니?

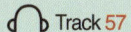

⑧ **Is he** a dad?
그가 아빠니?

⑨ **Is she** a mom?
그녀가 엄마니?

⑩ **Are they** parents?
그들이 부모니?

정리 아래 빈칸에 번호에 맞춰 영어 문장을 쓰세요.

1. Am I a dancer?	2.	3.
4.	5.	6.
7.	8.	9.
10.		

스토리를 연상하며 책을 보지 않고 말해 본 후에 아래 횟수에 ✓ 표시하세요.

기본 과정 131

총정리

우리는 지금까지 '주어 + be 동사 = 뼈대' 뒤에 살을 붙이는 방법을 배웠습니다.

1. '주어 + be 동사'에 형용사를 붙일 수 있습니다. be 동사는 '~이다, ~있다, ~하다'로 해석됩니다. '주어 + be 동사 + 형용사'는 '~하다'로 해석됩니다. 그리고 be 동사는 주어에 따라 모양이 바뀝니다. 형태는 am, is, are입니다.

2. '주어 + be 동사' 문장의 부정문을 만드는 법은 be 동사 뒤에 not을 붙이는 것입니다.

3. '주어 + be 동사'에 명사를 붙일 수 있습니다. 이 경우에 주어와 명사는 서로 같습니다. '주어 + be 동사 + 명사'는 '~이다'로 주로 해석됩니다.

4. be 동사의 과거형을 만드는 법을 배웠습니다. was와 were 두 가지로 바뀝니다.

5. 물어보는 말인 의문문을 만드는 법도 알아보았습니다. be 동사를 맨 앞으로 보내기만 하면 됩니다.

지금까지 살펴본 문장을 영문법에서는 2형식이라고 합니다.
42과부터 **46**과까지는 2형식 문장만 배운 겁니다.

1. 주어 + be 동사 + 형용사   2. 주어 + be 동사 + 명사

두 경우가 바로 2형식입니다.

이러한 내용이 헷갈리는 분은 이번에도 신경 쓰지 않아도 됩니다.
다시 말씀 드리지만, 문법 용어나 규칙이 중요한 것이 아닙니다. 중요한 것은 어떻게 실제로 사용되느냐죠. 절대 걱정할 필요가 없어요. 이 책을 따라 열심히 하다 보면 모든 게 잘 해결됩니다.

지금까지 배운 것에 자신 없는 분은 앞으로 돌아가서 빨간 셀로판지를 대고 계속 연습하세요. 자연스럽게 입에 착~ 붙을 때까지요.

난 책을 좋아해.

'주어 + 동사' 뼈대 뒤에 명사가 옵니다.

그런데 이번에는 **44** '나 가수야'에서 배웠던 것과 좀 다릅니다. 이번에는 동사가 be 동사가 아니라 일반 동사입니다. be 동사가 아니면 다 일반 동사입니다. 물론 동사 중에 조동사도 있지만 그건 동사의 보조니까 예외로 하고요.

그럼 **44** '나 가수야.'에서 배운 것과 비교해서 예를 들어 볼까요?

I	am	a singer.	(I = a singer)
주어	be 동사(~이다)	명사(가수)	(나 = 가수)
I	like	books.	(I ≠ books)
주어	일반 동사(좋아하다)	명사(책)	(나 ≠ 책)

일반 동사 뒤에 오는 명사를 목적어라고 해요.
우리말로 '~을'이나 '~를'이라고 해석되고요.

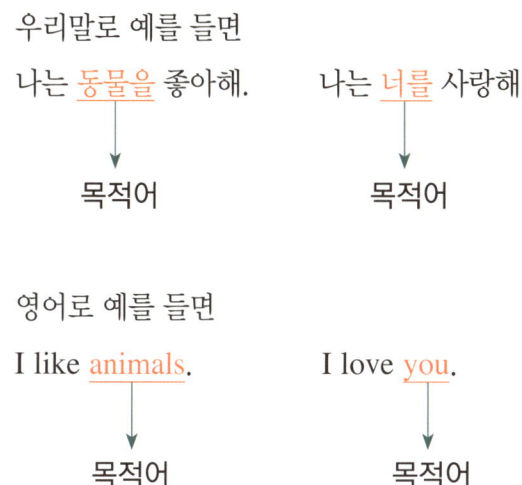

우리말로 예를 들면
나는 동물을 좋아해.   나는 너를 사랑해.
       ↓   ↓
     목적어   목적어

영어로 예를 들면
I like animals.   I love you.
       ↓   ↓
     목적어   목적어

따라서
주어 + 일반 동사 + 명사 = 주어 + 일반 동사 + 목적어
가 됩니다.

참고로 위에 있는 I like animals에서 animal 다음에 s가 붙은 것은 동물 한 마리만 좋아하는 것이 아니라 여러 동물을 좋아한다는 뜻입니다.

이제 '주어 + 일반 동사 + 명사(목적어)'로 이루어진 문장을 연습해 봅시다.

단어 연결 연습하기 A

Track 58

1. 듣고 큰 소리로 따라하세요.
2. 셀로판지로 가리고 큰 소리로 말해 보세요.

① I like books.
나는 책을 좋아하고

② You like movies.
너는 영화를 좋아하지.

③ I like fun books.
나는 웃기는 책을 좋아하고

④ You like fun movies.
너는 웃기는 영화를 좋아하지.

⑤ We like comedies.
우리는 코미디를 좋아해.

⑥ He likes books.
그는 책을 좋아하고

⑦ She likes movies.
그녀는 영화를 좋아하지.

⑧ He likes fun books.
그는 웃기는 책을 좋아하고

⑨ She likes fun movies.
그녀는 웃기는 영화를 좋아하지.

⑩ They like comedies.
그들은 코미디를 좋아해.

이것이 문법이다
주어가 3인칭 단수이면 동사에 s를 붙입니다.

정리
아래 빈칸에 번호에 맞춰 영어 문장을 쓰세요.

1. I like books.	2.	3.
4.	5.	6.
7.	8.	9.
10.		

스토리를 연상하며 책을 보지 않고 말해 본 후에 아래 횟수에 ✓ 표시하세요.

분발하세요. 1번 2번 3번 4번 잘하고 있네요. 5번 6번 7번 8번 완전최고 9번 10번

단어 연결 연습하기 B  Track 59

1. 듣고 큰 소리로 따라하세요.
2. 셀로판지로 가리고 큰 소리로 말해 보세요.

① I like chocolate.
나는 초콜릿을 좋아하고

② You like candies.
너는 사탕을 좋아하지.

③ I like white chocolate.
나는 하얀 초콜릿을 좋아하고

④ You like white candies.
너는 하얀 사탕을 좋아하지.

⑤ We like sweets.
우리는 단것을 좋아해.

⑥ He likes chocolate.
그는 초콜릿을 좋아하고

⑦ She likes candies.
그녀는 사탕을 좋아하지.

⑧ He likes white chocolate.
그는 하얀 초콜릿을 좋아하고

⑨ She likes white candies.
그녀는 하얀 사탕을 좋아하지.

⑩ They like sweets.
그들은 단것을 좋아해.

정리 아래 빈칸에 번호에 맞춰 영어 문장을 쓰세요.

1. I like chocolate.	2.	3.
4.	5.	6.
7.	8.	9.
10.		

스토리를 연상하며 책을 보지 않고 말해 본 후에 아래 횟수에 ✓ 표시하세요.

48

난 책을 좋아했어.

일반 동사 원형 + ed = 과거형 동사

우리말로 '~했다'라고 말할 때 쓰는 표현이고 다소 복잡해요.
여러 경우의 수가 있는데 규칙을 암기하지 말고 여러 번 쓰고 읽어서 익숙해지는 것이 더 좋습니다. 그럼 네 가지 규칙을 알아볼게요.

1. 끝에 -ed를 붙이는 경우

   watch[왙취] → watched[왙취ㅌ]   open[오우픈] → opened[오우픈ㄷ]
   (주의 깊이) 보다 (주의 깊이) 보았다   열다   열었다

2. 단어 자체에 -e가 있으면 그냥 d만 붙이죠.

   love[러브] → loved[러브ㄷ]   like[라잌] → liked[라잌ㅌ]
   사랑하다   사랑했다   좋아하다   좋아했다

3. '자음 + y'로 끝나는 동사는 y를 i로 바꾸고 -ed를 붙입니다.

   study[스따디] → studied[스따디ㄷ]   cry[크롸이] → cried[크롸이ㄷ]
   공부하다   공부했다   울다   울었다

4. '단모음 + 단자음'으로 끝나는 동사는 마지막 자음을 하나 더 써 주고 -ed를 붙여요. (단모음 - 모음 1개)

   stop [스땊] → stopped [스땁ㅌ]   plan[플랜] → planned[플랜ㄷ]
   멈추다   멈췄다   계획하다   계획했다

일반 동사를 과거형으로 바꿀 때 완전히 바뀌는 경우도 많습니다.
이것을 **불규칙**이라고 표현하는데 여기서는 간단하게만 알아볼게요.

현재(발음)	뜻	과거(발음)	뜻
go [고우]	가다	went [웬트]	갔다
come [컴]	오다	came [캐임]	왔다
eat [잍]	먹다	ate [애이트]	먹었다
see [씨]	보다	saw [써]	봤다
have [해브]	가지다	had [해드]	가졌다
drink [드륀크]	마시다	drank [드뢘크]	마셨다
give [기브]	주다	gave [게이브]	주었다
buy [바이]	사다	bought [밭트]	샀다

위에 있는 동사는 필수 단어니까 여러 번 읽어서 꼭 기억해야 합니다.

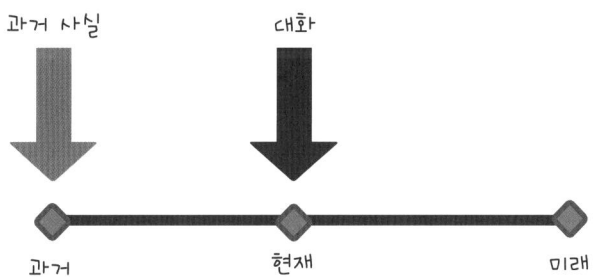

이제 '주어 + 일반 동사 과거 + 명사(목적어)'로 이루어진 문장을 연습해 봅시다.

단어 연결 연습하기 A

Track 60

1. 듣고 큰 소리로 따라하세요.
2. 셀로판지로 가리고 큰 소리로 말해 보세요.

① I liked books.
나는 책을 좋아했고

② You liked movies.
너는 영화를 좋아했지.

③ I liked fun books.
나는 웃기는 책을 좋아했고

④ You liked fun movies.
너는 웃기는 영화를 좋아했지.

⑤ We liked comedies.
우리는 코미디를 좋아했어.

⑥ He liked books.
그는 책을 좋아했고

⑦ She liked movies.
그녀는 영화를 좋아했지.

⑧ He liked fun books.
그는 웃기는 책을 좋아했고

⑨ She liked fun movies.
그녀는 웃기는 영화를 좋아했지.

⑩ They liked comedies.
그들은 코미디를 좋아했어.

정리 아래 빈칸에 번호에 맞춰 영어 문장을 쓰세요.

1. I liked books.	2.	3.
4.	5.	6.
7.	8.	9.
10.		

스토리를 연상하며 책을 보지 않고 말해 본 후에 아래 횟수에 ✓ 표시하세요.

단어 연결 연습하기 B

Track 61

1. 듣고 큰 소리로 따라하세요.
2. 셀로판지로 가리고 큰 소리로 말해 보세요.

① I liked chocolate.
나는 초콜릿을 좋아했고

② You liked candies.
너는 사탕을 좋아했지.

③ I liked white chocolate.
나는 하얀 초콜릿을 좋아했고

④ You liked white candies.
너는 하얀 사탕을 좋아했지.

⑤ We liked sweets.
우리는 단것을 좋아했어.

⑥ He liked chocolate.
그는 초콜릿을 좋아했고

⑦ She liked candies.
그녀는 사탕을 좋아했지.

⑧ He liked white chocolate.
그는 하얀 초콜릿을 좋아했고

⑨ She liked white candies.
그녀는 하얀 사탕을 좋아했지.

⑩ They liked sweets.
그들은 단것을 좋아했어.

정리 아래 빈칸에 번호에 맞춰 영어 문장을 쓰세요.

1. I liked chocolate.	2.	3.
4.	5.	6.
7.	8.	9.
10.		

스토리를 연상하며 책을 보지 않고 말해 본 후에 아래 횟수에 ✔ 표시하세요.

분발하세요. 1번 2번 3번 4번 / 잘하고 있네요. 5번 6번 7번 8번 / 완전최고 9번 10번

기본 과정 141

49

내가 책을 좋아해?

물어보는 표현은 의문문이라고 했죠?
문장 안에 일반 동사가 있을 때 어떻게 의문문으로 만들까요?

이 경우도 아주 간단합니다.
Do 동사를 맨 앞에 써 주기만 하면 됩니다.

40 '나 안 가.'에서 배웠듯이 do도 조동사죠. 그래서 do가 오면 뒤에 있는 동사는 동사 원형이 됩니다. 동사 원형은 아무것도 안 붙인 원래 상태라는 거 기억나죠?

그림 46 '내가 가수니?'에서 배웠던 be 동사 의문문과 비교해 볼까요?

	I	am	a singer.	
Am	I		a singer?	(be 동사를 맨 앞으로 옮김)
	I	like	books.	
Do	I	like	books?	(do 동사를 맨 앞으로 삽입)

일반 동사 의문문을 만들 때 주의 사항이 있어요.
1. Do 동사도 주어의 영향을 받아서 주어가 3인칭 단수이면 Does
2. Do 동사 뒤에 오니까 일반 동사는 동사 원형
3. 대문자로 쓴 주어의 첫 글자는 대문자 → 소문자 (I 제외)
4. 맨 뒤엔 물음표(?)

예를 들면

She likes candy.
Does she like candy?

이제 'Do 동사 + 주어 + 동사 원형 + 명사(목적어)'로 이루어진 문장을 연습해 봅시다.

단어 연결 연습하기 A

Track 62

1. 듣고 큰 소리로 따라하세요.
2. 셀로판지로 가리고 큰 소리로 말해 보세요.

① **Do** I like books?
내가 책을 좋아해?

② **Do** you like movies?
너는 영화를 좋아해?

③ **Do** I like fun books?
내가 웃기는 책을 좋아해?

④ **Do** you like fun movies?
너는 웃기는 영화를 좋아해?

⑤ **Do** we like comedies?
우리가 코미디를 좋아해?

⑥ **Does** he like books?
그는 책을 좋아해?

⑦ **Does** she like movies?
그녀는 영화를 좋아해?

⑧ **Does** he like fun books?
그는 웃기는 책을 좋아해?

⑨ **Does** she like fun movies?
그녀는 웃기는 영화를 좋아해?

⑩ **Do** they like comedies?
그들은 코미디를 좋아해?

이것이 문법이다
주어가 3인칭 단수이면 do 대신 does가 붙습니다.

정리 아래 빈칸에 번호에 맞춰 영어 문장을 쓰세요.

1. Do I like books?	2.	3.
4.	5.	6.
7.	8.	9.
10.		

스토리를 연상하며 책을 보지 않고 말해 본 후에 아래 횟수에 ✓ 표시하세요.

단어 연결 연습하기 B    🎧 Track 63

1. 듣고 큰 소리로 따라하세요.
2. 셀로판지로 가리고 큰 소리로 말해 보세요.

① **Do** I like chocolate?
내가 초콜릿을 좋아해?

② **Do** you like candies?
너는 사탕을 좋아해?

③ **Do** I like white chocolate?
내가 하얀 초콜릿을 좋아해?

④ **Do** you like white candies?
너는 하얀 사탕을 좋아해?

⑤ **Do** we like sweets?
우리가 단것을 좋아해?

⑥ **Does** he like chocolate?
그는 초콜릿을 좋아해?

⑦ **Does** she like candies?
그녀는 사탕을 좋아해?

⑧ **Does** he like white chocolate?
그는 하얀 초콜릿을 좋아해?

⑨ **Does** she like white candies?
그녀는 하얀 사탕을 좋아해?

⑩ **Do** they like sweets?
그들은 단것을 좋아해?

정리 아래 빈칸에 번호에 맞춰 영어 문장을 쓰세요.

1. Do I like chocolate.	2.	3.
4.	5.	6.
7.	8.	9.
10.		

스토리를 연상하며 책을 보지 않고 말해 본 후에 아래 횟수에 ✓ 표시하세요.

50 난 책 읽는 것을 좋아해. I

'주어 + 동사' 뼈대 뒤에 동사를 또 쓸 수 있을까요? 무슨 말인지 우리말로 생각해 볼게요.

제목처럼 '난 책 읽는 것을 좋아해.'라고 하고 싶은데
　　　　　　　　　동사　　　동사

동사가 두 개네요.
이런 경우는 우리말에서 맨 뒤에 오는 게 진짜 동사입니다.

like가 진짜 동사,
중간에 있는 건
to read [투 뤼드]로 read 앞에 to를 붙여 준 것입니다.

나는　　좋아해　　책 읽는 것을
I　　　like　　　to read books.

I like to read books.에서 to read를 문법 용어로 'to 부정사'라고 하는데요. 말만 어렵습니다. 그냥 두 번째 동사 앞에 to를 붙였다고 생각하면 됩니다.

그럼 47 '난 책을 좋아해.'와 비교해 볼게요.

I   like   books.
주어   일반 동사(좋아하다)   목적어(책)

I   like   to read books.
주어   일반 동사(좋아하다)   목적어(책 읽는 것을)

일반 동사 뒤에 오는 명사를 목적어라고 한다고 했죠?
이 문장에서는 to read books(책 읽는 것을) 전체가 목적어가 됩니다.

이제 '주어 + 일반 동사 + to~ (목적어)'로 이루어진 문장을 연습해 봅시다.

단어 연결 연습하기 A    Track 64

1. 듣고 큰 소리로 따라하세요.
2. 셀로판지로 가리고 큰 소리로 말해 보세요.

① I like to read books.
나는 책 읽는 것을 좋아하고

② You like to see a movie.
너는 영화 보는 것을 좋아하지.

③ I like to read fun books.
나는 웃긴 책 읽는 것을 좋아하고

④ You like to see a fun movie.
너는 웃긴 영화 보는 것을 좋아하지.

⑤ We like to see a comedy.
우리는 코미디 보는 것을 좋아해.

⑥ He likes to read books.
그는 책 읽는 것을 좋아하고

⑦ She likes to see a movie.
그녀는 영화 보는 것을 좋아하지.

⑧ He likes to read fun books.
그는 웃긴 책 읽는 것을 좋아하고

⑨ She likes to see a fun movie.
그녀는 웃긴 영화 보는 것을 좋아하지.

⑩ They like to see a comedy.
그들은 코미디 보는 것을 좋아해.

정리 아래 빈칸에 번호에 맞춰 영어 문장을 쓰세요.

1. I like to read books.	2.	3.
4.	5.	6.
7.	8.	9.
10.		

스토리를 연상하며 책을 보지 않고 말해 본 후에 아래 횟수에 ✔ 표시하세요.

단어 연결 연습하기 B

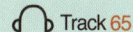 Track 65

1. 듣고 큰 소리로 따라하세요.
2. 셀로판지로 가리고 큰 소리로 말해 보세요.

① **I like** to eat chocolate. 나는 초콜릿 먹는 것을 좋아하고

② **You like** to taste candies. 너는 사탕 맛보기를 좋아하지.

③ **I like** to eat white chocolate. 나는 하얀 초콜릿 먹는 것을 좋아하고

④ **You like** to taste white candies. 너는 하얀 사탕 맛보기를 좋아하지.

⑤ **We like** to eat sweets. 우리는 단것 먹는 것을 좋아해.

⑥ **He likes** to eat chocolate. 그는 초콜릿 먹는 것을 좋아하고

⑦ **She likes** to taste candies. 그녀는 사탕 맛보기를 좋아하지.

⑧ **He likes** to eat white chocolate. 그는 하얀 초콜릿 먹는 것을 좋아하고

⑨ **She likes** to taste white candies 그녀는 하얀 사탕 맛보기를 좋아하지.

⑩ **They like** to eat sweets. 그들은 단것 먹는 것을 좋아해.

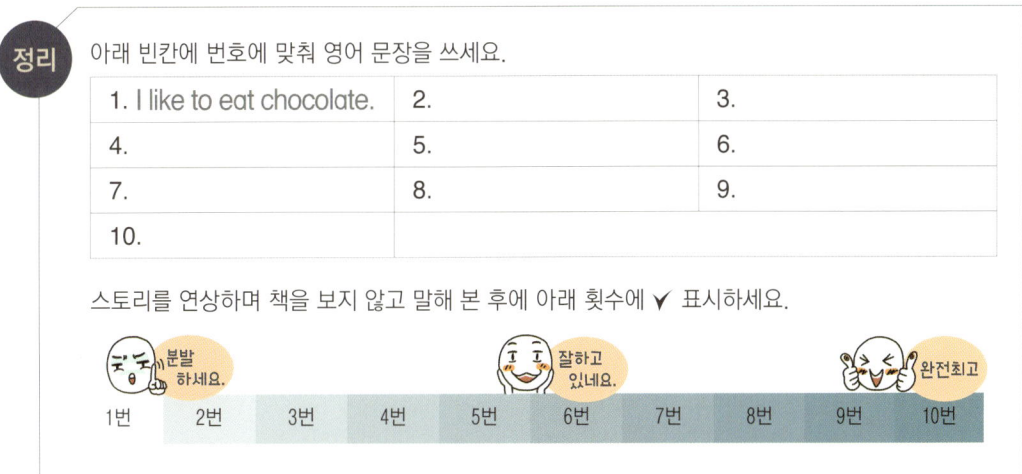

51 난 책 읽는 것을 좋아해. II

'주어 + 동사' 뼈대 뒤에 동사를 또 쓰는 다른 방법이 있어요.
앞서 설명한 내용에서

난 책 <u>읽는</u> 것을 <u>좋아해</u>.
　　　동사　　　동사

이런 경우는 우리말로 맨 뒤에 오는 게 진짜 동사라고 했죠.

like가 진짜 동사
중간에 있는 것을 이번에는
read**ing** [뤼딩]

나는　좋아해　　책 읽는 것을
I　　like　　　reading books.

I like reading books.에서 reading을 문법 용어로 동명사라고 하는데요. 명사가 와야 할 자리에 동사가 못 오니까 동사가 명사로 변신했다는 겁니다.

read	+	ing	= reading
동사			동명사 (동사 → 명사)

원래 '주어 + 동사 + 명사'가 오는 것을 **47** '난 책을 좋아해.'에서 배웠죠?
두 문장을 비교해 보면서 왜 동명사가 왔는지 생각해 보세요.

I	like	books.
주어	일반 동사	명사(목적어)

I	like	reading books.
주어	일반 동사	동명사(목적어)

이제 '주어 + 일반 동사 + ~ing(목적어)'로 이루어진 문장을 연습해 봅시다.

단어 연결 연습하기 A

Track 66

1. 듣고 큰 소리로 따라하세요.
2. 셀로판지로 가리고 큰 소리로 말해 보세요.

① I like **reading books**. 나는 책 읽는 것을 좋아하고

② You like **watching a movie**. 너는 영화 보는 것을 좋아하지.

③ I like **reading fun books**. 나는 웃긴 책 읽는 것을 좋아하고

④ You like **watching a fun movie**. 너는 웃긴 영화 보는 것을 좋아하지.

⑤ We like **watching a comedy**. 우리는 코미디 보는 것을 좋아해.

⑥ He likes **reading books**. 그는 책 읽는 것을 좋아하고

⑦ She likes **watching a movie**. 그녀는 영화 보는 것을 좋아하지.

⑧ He likes **reading fun books**. 그는 웃긴 책 읽는 것을 좋아하고

⑨ She likes **watching a fun movie**. 그녀는 웃긴 영화 보는 것을 좋아하지.

⑩ They like **watching a comedy**.
그들은 코미디 보는 것을 좋아해.

정리 아래 빈칸에 번호에 맞춰 영어 문장을 쓰세요.

1. I like reading books.	2.	3.
4.	5.	6.
7.	8.	9.
10.		

스토리를 연상하며 책을 보지 않고 말해 본 후에 아래 횟수에 ✓ 표시하세요.

단어 연결 연습하기 B    Track 67

1. 듣고 큰 소리로 따라하세요.
2. 셀로판지로 가리고 큰 소리로 말해 보세요.

① I like eating chocolate. 나는 초콜릿 먹는 것을 좋아하고

② You like tasting candies. 너는 사탕 맛보기를 좋아하지.

③ I like eating white chocolate. 나는 하얀 초콜릿 먹는 것을 좋아하고

④ You like tasting white candies. 너는 하얀 사탕 맛보기를 좋아하지.

⑤ We like eating sweets. 우리는 단것 먹는 것을 좋아해.

⑥ He likes eating chocolate. 그는 초콜릿 먹는 것을 좋아하고

⑦ She likes tasting candies. 그녀는 사탕 맛보기를 좋아하지.

⑧ He likes eating white chocolate. 그는 하얀 초콜릿 먹는 것을 좋아하고

⑨ She likes tasting white candies. 그녀는 하얀 사탕 맛보기를 좋아하지.

⑩ They like eating sweets. 그들은 단것 먹는 것을 좋아해.

정리 아래 빈칸에 번호에 맞춰 영어 문장을 쓰세요.

1. I like eating chocolate.	2.	3.
4.	5.	6.
7.	8.	9.
10.		

스토리를 연상하며 책을 보지 않고 말해 본 후에 아래 횟수에 ✓ 표시하세요.

기본 과정 153

총정리

우리는 지금까지 '주어 + 동사 + 목적어' 형태를 배웠습니다.

1. '주어 + 일반 동사 + 명사' 형태를 배웠습니다. 일반 동사는 be 동사가 아닌 나머지 동사를 말하죠. '주어 + be 동사 + 명사'는 주어 = **명사** 관계이지만 '주어 + 일반 동사 + 명사'는 주어 ≠ **명사**입니다. 뒤에 나오는 명사는 목적어가 되는데 우리말로 '~을'이나 '~를'로 해석됩니다.

2. 일반 동사를 과거로 바꾸는 방법이 있었습니다. 뒤에 '-(e)d'를 붙이는 것이 보통인데 네 가지 규칙이 있었죠. 그리고 불규칙적으로 바뀌는 것도 있었는데 필수 단어의 과거형은 반드시 알아야 합니다.

3. '주어 + 일반 동사 + 명사'에서 의문문을 만들기 위해서는 Do 동사를 사용해야 한다는 것도 배웠습니다. Do 동사는 주어가 3인칭 단수일 때 Does로 바뀌며 Do나 Does 모두 조동사이므로 일반 동사는 동사 원형이 된다는 것도 잊지 마세요.

4. '주어 + 일반 동사 + 명사'에서 명사 자리에 동사가 오고 싶을 때 'to 동사'를 쓴다는 것도 배웠습니다. 'to 동사'를 to 부정사라고 합니다.

5. '주어 + 일반 동사 + 명사'에서 명사 자리에 동사가 오고 싶을 때 '동사 ing'를 쓰는 방법도 배웠습니다. '동사 ing'를 동명사라고 부릅니다.

지금까지 살펴본 문장을 영문법에서는 3형식이라고 합니다.
47과부터 **51**과까지는 3형식 문장만 배운 겁니다.

1. 주어 + 일반 동사 + 목적어(명사)
2. 주어 + 일반 동사 + 목적어(to 부정사)
3. 주어 + 일반 동사 + 목적어(ing 동명사)

세 경우가 바로 3형식입니다.

간단히 '주어 + 동사 + ~을/를' 형태가 바로 3형식에 해당됩니다.
이 경우도 3형식이라는 표현이 중요한 게 아니라 이러한 형태로 쓰는구나 하고 알고 있어야 한다는 거죠.
그래야 영어 회화나 영작 등에 활용 범위가 넓어집니다.
여러 번 읽고 연습하다 보면 자연스럽게 습득될 것입니다.
그것을 체득한다고 합니다.

지금까지 배운 것에 자신 없는 분은 앞으로 돌아가서 빨간 셀로판지를 대고 계속 연습하세요. 자연스럽게 입에 착~ 붙을 때까지요.

52

난 네게 꽃을 줬어.

'주어 + 동사 + ~에게 + 명사'를 배워 봅시다.
앞에서 배웠던 '주어 + 동사 + 명사(목적어)'에서 '~에게'만 들어간 것이죠.
예를 들어

I	gave		flowers.
주어(나는)	동사(주었다)		명사(꽃을)

I	gave	her	flowers.
주어(나는)	동사(주었다)	그녀에게	명사(꽃을)

중간에 끼어드는 '~에게'를 연습해 볼까요?

나에게	me[미]
너에게	you[유]
그에게	him[힘]
그녀에게	her[헐]
우리에게	us[어ㅅ]
그들에게	them[ðㄷ템]

ð는 이 사이에 혀를 내밀고 목소리를 울리며 내는 소리입니다.

그는 너에게 꽃을 주었다.　　　　He gave you flowers.
그들은 우리에게 꽃을 주었다.　　They gave us flowers.

이 밖에도 직접 사람을 써도 됩니다.

예를 들면

나는 그 남자에게 꽃을 주었다.　　　I gave the man flowers.
그는 엄마에게 꽃을 주었다.　　　　He gave mom flowers.
그녀는 그 선생님에게 꽃을 주었다.　She gave the teacher flowers.

이제 '주어 + 일반 동사 + ~에게 + 명사(목적어)'로 이루어진 문장을 연습해 봅시다.

단어 연결 연습하기 A    Track 68

1. 듣고 큰 소리로 따라하세요.
2. 셀로판지로 가리고 큰 소리로 말해 보세요.

① I gave you flowers.
나는 네게 꽃을 줬고

② You gave me a letter.
너는 내게 편지를 줬지.

③ I gave you pretty flowers.
나는 네게 예쁜 꽃을 줬고

④ You gave me a love letter.
너는 내게 사랑 편지를 줬지.

⑤ We gave friends gifts.
우리는 친구들에게 선물을 줬어.

⑥ He gave her flowers.
그는 그녀에게 꽃을 줬고

⑦ She gave him a letter.
그녀는 그에게 편지를 줬지.

⑧ He gave her pretty flowers.
그는 그녀에게 예쁜 꽃을 줬고

⑨ She gave him a love letter.
그녀는 그에게 사랑 편지를 줬지.

⑩ They gave friends special gifts.
그들은 친구들에게 특별한 선물을 줬어.

이것이 문법이다
gave 동사는 give(주다)의 과거형입니다.
'주다'는 뜻의 동사를 문법 용어로 '수여 동사'라고 합니다.

정리 아래 빈칸에 번호에 맞춰 영어 문장을 쓰세요.

1. I gave you flowers.	2.	3.
4.	5.	6.
7.	8.	9.
10.		

스토리를 연상하며 책을 보지 않고 말해 본 후에 아래 횟수에 ✓ 표시하세요.

단어 연결 연습하기 B  Track 69

1. 듣고 큰 소리로 따라하세요.
2. 셀로판지로 가리고 큰 소리로 말해 보세요.

① I gave you a doll.
나는 네게 인형을 줬고

② You gave me a cap.
너는 내게 모자를 줬지.

③ I gave you a cute doll
나는 네게 귀여운 인형을 줬고

④ You gave me a nice cap.
너는 내게 멋진 모자를 줬지.

⑤ We gave friends presents.
우리는 친구들에게 선물을 줬어.

⑥ He gave her a doll.
그는 그녀에게 인형을 줬고

⑦ She gave him a cap.
그녀는 그에게 모자를 줬지.

⑧ He gave her a cute doll.
그는 그녀에게 귀여운 인형을 줬고

⑨ She gave him a nice cap.
그녀는 그에게 멋진 모자를 줬지.

⑩ They gave friends special presents.
그들은 친구들에게 특별한 선물을 줬어.

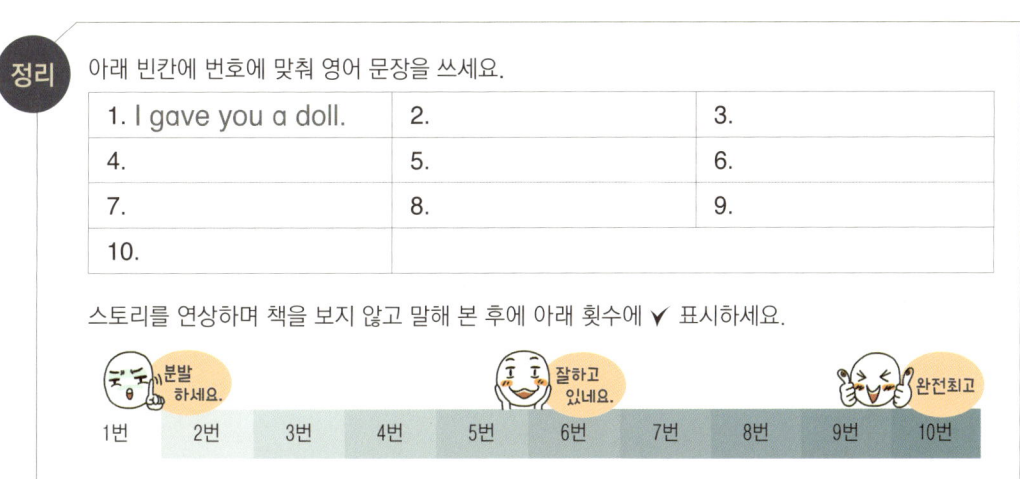

53

난 앉아 있는 널 봤어.

주어 + 동사 + 명사 + ing를 배웁니다.

47 '나는 책을 좋아해(주어 + 동사 + 명사)'에서 배운 형태에서 ing만 추가되는 겁니다.

이 표현은 명사가 어떤 동작을 하는지 보여 주죠.

'주어 + 동사 + 명사'와 비교해서 예를 들어 본다면

I	saw	him		
주어(나는)	동사(보았다)	명사(그를)	→	나는 그를 보았다.

I	saw	him	running.	
주어(나는)	동사(보았다)	명사(그를)	뛰는	→ 나는 뛰는 그를 보았다.

다른 예를 통해 좀 더 배워 볼게요.

I   saw   the man
주어(나는)   동사(봤어)   명사(그 남자를)   →   나는 그 남자를 봤어.

I   saw   the man   sleeping.
주어(나는)   동사(봤어)   명사(그 남자를)   잠자고 있는
→   나는 잠자고 있는 그 남자를 봤어.

He   saw   the girl
주어(그는)   동사(봤어)   명사(그 소녀를)   →   그는 그 소녀를 봤어.

He   saw   the girl   studying
주어(그는)   동사(봤어)   명사(그 소녀를)   공부하고 있는
→   그는 공부하고 있는 그 소녀를 봤어.

이제 '주어 + 일반 동사 + 명사(목적어) + ing'로 이루어진 문장을 연습해 봅시다.

단어 연결 연습하기 A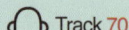

1. 듣고 큰 소리로 따라하세요.
2. 셀로판지로 가리고 큰 소리로 말해 보세요.

① I saw you sitting.
나는 앉아 있는 널 봤고

② You saw me standing.
너는 서 있는 날 봤지.

③ I saw you singing.
나는 노래하는 널 봤고

④ You saw me dancing.
너는 춤추는 날 봤지.

⑤ We felt our heart beating.
우리는 뛰고 있는 심장을 느꼈어.

⑥ He saw her sitting.
그는 앉아 있는 그녀를 봤고

⑦ She saw him standing.
그녀는 서 있는 그를 봤지.

⑧ He saw her singing.
그는 노래하는 그녀를 봤고

⑨ She saw him dancing.
그녀는 춤추는 그를 봤지.

⑩ They felt their heart beating.
그들은 뛰고 있는 심장을 느꼈어.

이것이 문법이다
see(보다, 과거형 saw), hear(듣다, 과거형 heard), feel(느끼다, 과거형 felt) 같은 동사는 '지각 동사' 혹은 '감각 동사'라고 해요.

정리
아래 빈칸에 번호에 맞춰 영어 문장을 쓰세요.

1. I saw you sitting.	2.	3.
4.	5.	6.
7.	8.	9.
10.		

스토리를 연상하며 책을 보지 않고 말해 본 후에 아래 횟수에 ✔ 표시하세요.

단어 연결 연습하기 B  Track 71

1. 듣고 큰 소리로 따라하세요.
2. 셀로판지로 가리고 큰 소리로 말해 보세요.

① I saw you walking.
나는 걷는 널 보았고

② You saw me running.
너는 뛰는 날 보았지.

③ I saw you reading.
나는 읽고 있는 널 보았고

④ You saw me listening.
너는 듣고 있는 날 보았지.

⑤ We felt our heart beating.
우리는 뛰는 심장을 느꼈어.

⑥ He saw her walking.
그는 걷는 그녀를 보았고

⑦ She saw him running.
그녀는 뛰는 그를 보았지.

⑧ He saw her reading.
그는 읽고 있는 그녀를 보았고

⑨ She saw him listening.
그녀는 듣고 있는 그를 보았지.

⑩ They felt their heart beating.
그들은 뛰는 심장을 느꼈어.

정리 아래 빈칸에 번호에 맞춰 영어 문장을 쓰세요.

1. I saw you walking.	2.	3.
4.	5.	6.
7.	8.	9.
10.		

스토리를 연상하며 책을 보지 않고 말해 본 후에 아래 횟수에 ✔ 표시하세요.

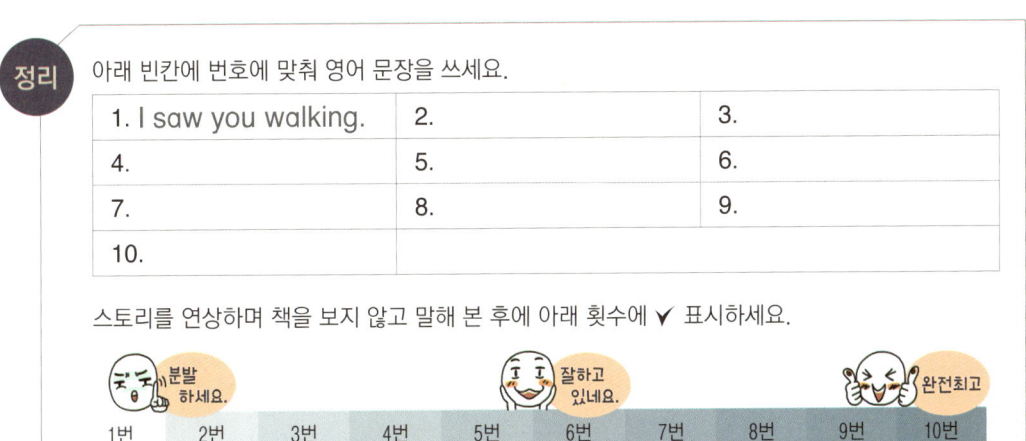

기본 과정 163

총정리

이번에는 총정리가 빨리 나오지요? 다 이유가 있습니다.
배운 내용이 좀 복잡해서 짧게 끝내고 빨리 정리하는 겁니다.

우리는 지금까지
1. 주어 + 동사 + ~에게 + 명사(목적어)
2. 주어 + 동사 + 명사(목적어) + ing
를 배웠습니다.

1. '주어 + 동사 + 명사'에서 동사와 명사 사이에 '~에게'를 넣은 형태입니다. '~에게'에는 당연히 사람이 들어갑니다. 이와 같은 형태에는 주로 give와 같이 '~을 주다'의 뜻을 가진 단어가 오는데 보통 '수여 동사'라고 합니다.

2. '주어 + 동사 + 명사'에 ing를 더 붙인 형태도 배웠습니다.
명사 뒤에 ing를 써서 명사가 지금하고 있는 행동을 표현합니다.
이때 see, hear, feel과 같은 '지각 동사(감각 동사)'를 많이 활용합니다.

지금까지 살펴본 문장을 영문법에서는 4형식과 5형식이라고 합니다.
52 '난 네게 꽃을 줬어.'는 4형식이고, **53** '난 앉아 있는 널 봤어.'는 5형식입니다.

주어 + 수여 동사 + ~에게 + 목적어(명사)   --- 4형식

주어 + 지각 동사 + 목적어(명사) + ing   --- 5형식

이것으로 문장의 5형식을 다 살펴보았습니다.
이쯤 되면 조금 헷갈릴 수 있으니까 앞에서 배운 부분을 다시 살펴보는 것도 좋은 방법입니다. 여러 번 반복해서 공부하면 영어 문장도 별거 아니구나 할 겁니다.
지금까지 조금씩 배운 문법에 목메지는 않아도 형태는 눈에 익혀야 한다는 것 절대 잊지 마세요.
반복, 반복, 반복이 최선입니다.

지금까지 배운 것에 자신 없는 분은 앞으로 돌아가서 빨간 셀로판지를 대고 계속 연습하세요. 자연스럽게 입에 착~ 붙을 때까지요.

Step 4
활용 과정

영어 문장이 어떻게 생긴 것인지 잘 배우셨나요?
이제 마지막으로 가장 많이 쓰이는 영어 패턴을 배울 차례가 되었습니다.

영어 회화에서 많이 쓰이는 패턴을 잘 활용하면 영어 회화에서 두려울 게 없습니다. 보통 영어를 좀 한다는 사람들도 여기 소개된 패턴에서 크게 벗어나지 않거든요. 열심히 배워서 멋지게 도전해 보자고요. 이번엔 완벽한 암기를 위해서 7번 패턴 쓰기가 들어갑니다.

영어를 다시 시작하는 여러분
이제 영어로 말해 봅시다!

22개 패턴으로 고급지게 영어하자!
해외 여행에서 이제 더 이상 벙어리가 되지 말자!

54

패턴 01 I'm sorry~ ~해서 미안해.

Track 72

살다 보면 미안하다고 해야 할 경우가 많죠? 그냥 미안하다고만 해도 되지만 구체적으로 '~해서 미안하다'고 하면 더 좋습니다. 그리고 Sorry는 그냥 미안하다는 뜻도 되지만 유감이라는 뜻도 있어요.

❶ 정말 미안해.
I'm so sorry.
[암 쏘우 쏘뤼]

❷ 늦어서 미안해.
I'm sorry to be late.
[암 쏘뤼 투 비 레잍]

❸ 방해해서 미안해.
I'm sorry to disturb you.
[암 쏘뤼 투 디스털 뷰]

❹ 그것에 대해 미안해.
I'm sorry about it.
[암 쏘뤼 어바우 맅]

❺ 그것을 듣게 되어 유감이야.
I'm sorry to hear that.
[암 쏘뤼 투 히어ㄹ ð댓]

미니회화

A You look bad. What happen?* 너 안 좋아 보이네. 무슨 일 있니?
B I lost my job. 직장을 잃었어.
A Oh, no. I'm sorry to hear that. 오, 저런. 그 말을 듣게 되어 유감이야.

Tip what(무엇) + happen (발생하다) = 무슨 일이야?

7번 패턴 쓰기

이제 영어 회화 실전 단계이므로 반복해서 쓰는 연습을 하게 됩니다. 손으로 익히면 암기도 최고!

1 정말 미안해.

❶ I'm so sorry.
❷
❸
❹
❺
❻
❼

2 늦어서 미안해.

❶ I'm sorry to be late.
❷
❸
❹
❺
❻
❼

3 방해해서 미안해.

❶ I'm sorry to disturb you.
❷
❸
❹
❺
❻
❼

4 그것에 대해 미안해.

❶ I'm sorry about it.
❷
❸
❹
❺
❻
❼

5 그것을 듣게 되어 유감이야.

❶ I'm sorry to hear that.
❷
❸
❹
❺
❻
❼

정리 원어민 발음을 듣고 큰 소리로 따라 읽은 후에 아래 횟수에 ✔ 표시하세요.

1번	2번	3번	4번	5번	6번	7번	8번	9번	10번
분발하세요.				잘하고 있네요.				완전최고	

활용 과정 169

패턴 02 I'm afraid~ 미안하지만 ~ 해.

Track 73

상대방에게 거절을 해야 하는데 쉽게 말 꺼내기 곤란할 때 쓰는 표현입니다. 원어민이 정말 자주 쓰는 이 표현을 잘 배워서 예의 바른 사람이 됩시다.

❶ 미안하지만 난 할 수 없어.   **I'm afraid I can't do it.**
[암 어프ㅎ레이드 아이 캐애앤ㅌ 두 잍]

❷ 미안하지만 난 낄 수 없어.   **I'm afraid I can't join you.**
[암 어프ㅎ레이드 아이 캐애앤ㅌ 조인 유]

❸ 미안하지만 우리는 못 가.   **I'm afraid we can't go.**
[암 어프ㅎ레이드 위 캐애앤ㅌ 고우]

❹ 미안하지만 도와줄 수 없어.   **I'm afraid I can't help you.**
[암 어프ㅎ레이드 아이 캐애앤ㅌ 헤어ㄹ 퓨]

❺ 미안하지만 난 동의할 수 없어.   **I'm afraid I can't agree with you.**
[암 어프ㅎ레이드 아이 캐애앤ㅌ 어그뤼 위ㅎ듀]

미니회화

Ⓐ Where are you two going?   너희 둘 어디에 가니?
Ⓑ To movie theater. Join us.   영화관에. 너도 껴 줄게.
Ⓐ **I'm afraid I can't go.**   미안하지만 난 못 가.

Tip '너도 합류해.'라는 뜻으로 말하는 사람이 혼자일 때는 'Join me', 둘 이상일 때는 'Join us'.라고 합니다.

7번 패턴 쓰기

이제 영어 회화 실전 단계이므로 반복해서 쓰는 연습을 하게 됩니다. 손으로 익히면 암기도 최고!

1 미안하지만 난 할 수 없어.
❶ I'm afraid I can't do it.
❷
❸
❹
❺
❻
❼

2 미안하지만 난 낄 수 없어.
❶ I'm afraid I can't join you.
❷
❸
❹
❺
❻
❼

3 미안하지만 우리는 못 가.
❶ I'm afraid we can't go.
❷
❸
❹
❺
❻
❼

4 미안하지만 도와줄 수 없어.
❶ I'm afraid I can't help you.
❷
❸
❹
❺
❻
❼

5 미안하지만 난 동의할 수 없어.
❶ I'm afraid I can't agree with you.
❷
❸
❹
❺
❻
❼

정리 원어민 발음을 듣고 큰 소리로 따라 읽은 후에 아래 횟수에 ✔ 표시하세요.

분발 하세요.   잘하고 있네요.   완전최고
1번 2번 3번 4번 5번 6번 7번 8번 9번 10번

56

패턴 03 **I can't~** ~할 수 없어.

🎧 Track 74

조동사 can의 부정형으로 can not의 줄임말입니다. 보통 미국인들이 can과 can't를 빨리 발음하면 잘 구별이 안 되는데요. 잘 살펴보면 can't는 can보다 좀 늘려서 발음하는 경향이 있습니다. [캐애앤트]라고 발음하니 주의하시기 바랍니다.

❶ 믿을 수가 없어.
I can't believe it.
[아이 캐애앤트 비리이빝]

❷ 기억이 안 나.
I can't remember it.
[아이 캐애앤트 뤼멤버리맅]

❸ 널 보는 걸 기다릴 수가 없어.
(널 빨리 보고 싶어)
I can't wait to see you.
[아이 캐애앤트 웨잍 투 씨유]

❹ 미안하다고 말 못 하겠어.
I can't say I'm sorry.
[아이 캐애앤트 세이 암 쏘뤼]

❺ 참을 수가 없어.
I can't stand it.
[아이 캐애앤트 스탠딭]

미니회화

🅐 When will you come back? 언제 돌아오니?
🅑 This summer vacation. 이번 여름 방학에요.
🅐 I can't wait to see you. 너 빨리 보고 싶어.
🅑 Same here. 저도 그래요.

Tip can't wait는 '기다릴 수 없다'는 의미니까 우리말로 '빨리 ~하고 싶다'는 뜻이 됩니다.

7번 패턴 쓰기

이제 영어 회화 실전 단계이므로 반복해서 쓰는 연습을 하게 됩니다. 손으로 익히면 암기도 최고!

1 믿을 수가 없어.
❶ I can't believe it.
❷
❸
❹
❺
❻
❼

2 기억이 안 나.
❶ I can't remember it.
❷
❸
❹
❺
❻
❼

3 널 보는 걸 기다릴 수가 없어.
❶ I can't wait to see you.
❷
❸
❹
❺
❻
❼

4 미안하다고 말 못 하겠어.
❶ I can't say I'm sorry.
❷
❸
❹
❺
❻
❼

5 참을 수가 없어.
❶ I can't stand it.
❷
❸
❹
❺
❻
❼

정리 원어민 발음을 듣고 큰 소리로 따라 읽은 후에 아래 횟수에 ✔ 표시하세요.

분발하세요.   잘하고 있네요.   완전최고
1번 2번 3번 4번 5번 6번 7번 8번 9번 10번

57

패턴 04 I'm going to~ ~하려고 해.

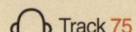 Track 75

미리 계획한 일에 대해서 말하는 것입니다. '~을 할 건데 이미 계획된 일이야.' 하는 뜻이 담겨 있습니다. 원어민은 보통 이 표현을 빨리 말할 때 I'm gonna[아임 고나]라고 많이 합니다. 아직 초보인 우리는 정석대로 배웁니다. I'm gonna가 많이 쓰이기는 하는데 고급스러운 표현은 아니에요.

❶ 떠나려고 해.
I'm going to leave.
[암 고잉투 리이브]

❷ 영어 공부하려고 해.
I'm going to study English.
[암 고잉투 스따디 잉글리쉬]

❸ 그 책을 읽으려고 해.
I'm going to read the book.
[암 고잉투 뤼드 더 북]

❹ 밤새 밖에 있으려고 해.
I'm going to be out all night.
[암 고잉투 비아웃 올 나잍]

❺ 저녁을 만들려고 해.
I'm going to make dinner.
[암 고잉투 매이ㅋ 디너ㄹ]

미니회화

A I'm going to be out all night.   밤새 밖에 있으려고 해.
B You're going to join the party, right?   너 파티에 가는구나, 맞지?
A Exactly.   맞아.

Tip I'm going to 다음에는 동사 원형이 옵니다. be going to가 조동사 역할을 해서 그래요.

7번 패턴 쓰기

이제 영어 회화 실전 단계이므로 반복해서 쓰는 연습을 하게 됩니다. 손으로 익히면 암기도 최고!

1 떠나려고 해.
❶ I'm going to leave.
❷
❸
❹
❺
❻
❼

2 영어 공부하려고 해.
❶ I'm going to study English.
❷
❸
❹
❺
❻
❼

3 그 책을 읽으려고 해.
❶ I'm going to read the book.
❷
❸
❹
❺
❻
❼

4 밤새 밖에 있으려고 해.
❶ I'm going to be out all night.
❷
❸
❹
❺
❻
❼

5 저녁을 만들려고 해.
❶ I'm going to make dinner.
❷
❸
❹
❺
❻
❼

정리 원어민 발음을 듣고 큰 소리로 따라 읽은 후에 아래 횟수에 ✔ 표시하세요.

분발하세요. / 잘하고 있네요. / 완전최고

1번 2번 3번 4번 5번 6번 7번 8번 9번 10번

활용 과정 175

패턴 05 I'm looking for~ ~을 찾고 있어요.

Track 76

I am looking for은 무엇을 찾고 있을 때 쓰는 아주 유용한 표현입니다. 주로 물건을 사거나 위치를 물어볼 때 자주 사용합니다.

❶ 도보용 신발을 찾고 있어요.
I'm looking for walking shoes.
[암 루킹 프홀 워킹 슈우즈]

❷ 새로 나온 장갑을 찾고 있어요.
I'm looking for new gloves.
[암 루킹 프홀 뉴 글로브ㅈ]

❸ 선물할 것을 찾고 있어요.
I'm looking for a present.
[암 루킹 프홀 어 프레젼ㅌ]

❹ 피자 집을 찾고 있어요.
I'm looking for a pizza house.
[암 루킹 프홀 어 핏자 하우스]

❺ 근처 약국을 찾고 있어요.
I'm looking for a drugstore near here.
[암 루킹 포홀 어 드뤅 스토어ㄹ 니어ㄹ 히어ㄹ]

미니회화

A Can I help you? 도와 드릴까요?
B Yes. **I'm looking for pants.** 네. 바지를 좀 찾고 있어요.
A How about this one? It's new one. 이건 어떠세요? 신상입니다.

Tip shoes(신발)과 gloves(장갑)은 항상 두 개씩 짝으로 붙어 있으니까 복수 형태로 -s를 붙입니다. 하지만 하나씩을 말할 때는 단수로도 씁니다. 예 a left shoe 왼쪽 신발

7번 패턴 쓰기

이제 영어 회화 실전 단계이므로 반복해서 쓰는 연습을 하게 됩니다. 손으로 익히면 암기도 최고!

1 도보용 신발을 찾고 있어요.
❶ I'm looking for walking shoes.
❷
❸
❹
❺
❻
❼

2 새로 나온 장갑을 찾고 있어요.
❶ I'm looking for new gloves.
❷
❸
❹
❺
❻
❼

3 선물할 것을 찾고 있어요.
❶ I'm looking for a present.
❷
❸
❹
❺
❻
❼

4 파자 집을 찾고 있어요.
❶ I'm looking for a pizza house.
❷
❸
❹
❺
❻
❼

5 근처 약국을 찾고 있어요.
❶ I'm looking for a drugstore near here.
❷
❸
❹
❺
❻
❼

정리 원어민 발음을 듣고 큰 소리로 따라 읽은 후에 아래 횟수에 ✓ 표시하세요.

분발하세요. / 잘하고 있네요. / 완전최고

1번 2번 3번 4번 5번 6번 7번 8번 9번 10번

활용 과정 177

59

패턴 06 I'll~ ~을 할 거야.

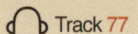 Track 77

56 be going to는 미리 계획했던 일을 할 거라는 의미이고, I'll은 지금 결정을 했다는 뜻입니다.
그리고 I'll은 내가 꼭 하겠다는 의지를 나타내는 강한 느낌의 표현입니다.

❶ 내가 그것을 지금 할 거야.　　I'll do it now.
　　　　　　　　　　　　　　[아유ㄹ 두 잇 나우]

❷ 내가 거기에 있을 거야.　　　I'll be there.
　　　　　　　　　　　　　　[아유ㄹ 비 ð데어ㄹ]

❸ 곧 집에 돌아올 거야.　　　　I'll be home soon.
　　　　　　　　　　　　　　[아유ㄹ 비 홈 쑤운]

❹ 내가 보여 줄게.　　　　　　I'll show you.
　　　　　　　　　　　　　　[아유ㄹ 쇼우 유]

❺ 내가 오늘 그 일을 끝낼게.　I'll finish the work today.
　　　　　　　　　　　　　　[아유ㄹ 프히니쉬 더 월ㅋ 투데이]

미니회화

Ⓐ When will you come home?　　집에 언제 들어 오니?
Ⓑ Why, Mom?　　　　　　　　　왜요? 엄마.
Ⓐ Dinner's ready.　　　　　　　 저녁 준비 다 됐다.
Ⓑ Okay. I'll be home in 5 minutes.　알았어요. 5분 이내로 돌아올게요.

Tip　I'll(I will) + be(~에 있다) = ~에 있겠다

7번 패턴 쓰기

이제 영어 회화 실전 단계이므로 반복해서 쓰는 연습을 하게 됩니다. 손으로 익히면 암기도 최고!

1 내가 그것을 지금 할 거야.
① I'll do it now.
②
③
④
⑤
⑥
⑦

2 내가 거기에 있을 거야.
① I'll be there.
②
③
④
⑤
⑥
⑦

3 곧 집에 돌아올 거야.
① I'll be home soon.
②
③
④
⑤
⑥
⑦

4 내가 보여 줄게.
① I'll show you.
②
③
④
⑤
⑥
⑦

5 내가 오늘 그 일을 끝낼게.
① I'll finish the work today.
②
③
④
⑤
⑥
⑦

정리 원어민 발음을 듣고 큰 소리로 따라 읽은 후에 아래 횟수에 ✔ 표시하세요.

분발 하세요. | 잘하고 있네요. | 완전최고
1번 2번 3번 4번 5번 6번 7번 8번 9번 10번

활용 과정 179

패턴 07 I'll have~ ~을 먹을게요.

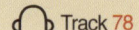 Track 78

have 동사는 '가지다'란 뜻 외에 '먹다'라는 뜻이 있어요. 그래서 음식점에서 무엇을 먹겠다고 할 때 많이 쓰입니다.

❶ 나는 이걸로 먹을게요.　　　I'll have this one.
　　　　　　　　　　　　　　[아유ㄹ 햅 ð디스 원]

❷ 나는 스테이크 먹을게요.　　I'll have a steak.
　　　　　　　　　　　　　　[아유ㄹ 햅 어 스테이ㅋ]

❸ 나도 같은 걸로 먹을게요.　　I'll have the same.
　　　　　　　　　　　　　　[아유ㄹ 햅 더 쎄임]

❹ 나는 소고기를 먹을게요.　　I'll have a beef.
　　　　　　　　　　　　　　[아유ㄹ 햅 어 비프ㅎ]

❺ 나는 치킨을 먹을게요.　　　I'll have a chicken.
　　　　　　　　　　　　　　[아유ㄹ 햅 어 취킨]

미니회화

A Will you order?　　　　　주문하실래요?
B Yes. I'll have a steak.　　네. 스테이크 먹을래요.
C I'll have the same.　　　같은 걸로 먹을게요.

Tip 기내에서 beef or chicken으로 물어보면 I'll have를 넣어서 답해 봅시다.
예 I'll have a chicken.

7번 패턴 쓰기

이제 영어 회화 실전 단계이므로 반복해서 쓰는 연습을 하게 됩니다. 손으로 익히면 암기도 최고!

1 나는 이걸로 먹을게요.

① I'll have this one.
②
③
④
⑤
⑥
⑦

2 나는 스테이크 먹을게요.

① I'll have a steak.
②
③
④
⑤
⑥
⑦

3 나도 같을 걸로 먹을게요.

① I'll have the same.
②
③
④
⑤
⑥
⑦

4 나는 소고기를 먹을게요.

① I'll have a beef.
②
③
④
⑤
⑥
⑦

5 나는 치킨을 먹을게요.

① I'll have a chicken.
②
③
④
⑤
⑥
⑦

정리 원어민 발음을 듣고 큰 소리로 따라 읽은 후에 아래 횟수에 ✔ 표시하세요.

분발하세요. 잘하고 있네요. 완전최고

| 1번 | 2번 | 3번 | 4번 | 5번 | 6번 | 7번 | 8번 | 9번 | 10번 |

활용 과정

61

패턴 08 I won't~ ~하지 않을 거야.

🎧 Track 79

I won't는 I will not의 줄임말입니다. I'll이 지금 결정한 것을 말하는 것과 의지도 포함되어 있듯이 I won't도 지금 결정한 일이나 강한 반대 의지를 나타냅니다.

❶ 그와 같은 건 하지 않을 거야.   **I won't do like that.**
[아이 우온ㅌ 두 라이ㅋ ðㄷ밷]

❷ 포기하지 않을 거야.   **I won't give up.**
[아이 우온ㅌ 기이법]

❸ 오래 걸리진 않을 거야.   **I won't be long.**
[아이 우온ㅌ 비 롱]

❹ 다시 그런 일은 하지 않을 거야.   **I won't do that again.**
[아이 우온ㅌ 두 ðㄷ밷 어겐]

❺ 너를 도와 주지는 않을 거야.   **I won't help you.**
[아이 우온ㅌ 헤어 퓨]

미니회화

A Will you do that again?   다시 또 그럴 거야?
B No, I won't.   아니, 안 할게.
A Can you promise?   약속할 수 있어?
B Yes, I won't do that again.   응. 다시는 그런 일은 하지 않을 거야.

Tip   Will you로 물어볼 때는 Yes, I will 또는 No, I won't로 대답해야 합니다.

7번 패턴 쓰기

이제 영어 회화 실전 단계이므로 반복해서 쓰는 연습을 하게 됩니다. 손으로 익히면 암기도 최고!

1 그와 같은 건 하지 않을 거야.
❶ I won't do like that.
❷
❸
❹
❺
❻
❼

2 포기하지 않을 거야.
❶ I won't give up.
❷
❸
❹
❺
❻
❼

3 오래 걸리진 않을 거야.
❶ I won't be long.
❷
❸
❹
❺
❻
❼

4 다시 그런 일은 하지 않을 거야.
❶ I won't do that again.
❷
❸
❹
❺
❻
❼

5 너를 도와 주지는 않을 거야.
❶ I won't help you.
❷
❸
❹
❺
❻
❼

정리 원어민 발음을 듣고 큰 소리로 따라 읽은 후에 아래 횟수에 ✔ 표시하세요.

분발 하세요. / 잘하고 있네요. / 완전최고

1번 2번 3번 4번 5번 6번 7번 8번 9번 10번

활용 과정

패턴 09 I have~ ~을 가지고 있어.

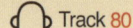 Track 80

have는 '가지고 있다'라는 뜻이지만 사물 소유 이외에 폭넓게 쓰입니다. '질병을 가지고 있다'고 표현하기도 하고 '약속을 가지고 있다'라고도 표현합니다. 이럴 때는 보통 '~이 있다'라고 해석합니다. 물론 have는 '먹다'라는 뜻도 있습니다.

❶ 형제가 둘 있어.
I have two brothers.
[아이 햅 투 브롸ð덜ㅈ]

❷ 먹을 게 좀 있어.
I have something to eat.
[아이 햅 썸θ씽 투 잍]

❸ 열이 있어.
I have a fever.
[아이 햅 어 프히버ㄹ]

❹ 감기에 걸렸어.
I have a cold.
[아이 햅 어 코울ㄷ]

❺ 2시에 약속이 있어.
I have an appointment at 2.
[아이 햅 언 어포인먼ㅌ 앹 투]

미니회화

Ⓐ You look pale. 얼굴이 창백해 보이네.
Ⓑ I have a fever. 열이 있어.
Ⓐ You seem to have a cold. 감기 걸린 것 같은데.
Ⓑ Probably. 아마도.

Tip seem to ~인 것 같다
시간 약속은 appointment, 앞으로 무언가를 하겠다는 약속은 promise

7번 패턴 쓰기

이제 영어 회화 실전 단계이므로 반복해서 쓰는 연습을 하게 됩니다. 손으로 익히면 암기도 최고!

1 형제가 둘 있어.
① I have two brothers.
②
③
④
⑤
⑥
⑦

2 먹을 게 좀 있어.
① I have something to eat.
②
③
④
⑤
⑥
⑦

3 열이 있어.
① I have a fever.
②
③
④
⑤
⑥
⑦

4 감기에 걸렸어.
① I have a cold.
②
③
④
⑤
⑥
⑦

5 2시에 약속이 있어.
① I have an appointment at 2.
②
③
④
⑤
⑥
⑦

정리 원어민 발음을 듣고 큰 소리로 따라 읽은 후에 아래 횟수에 ✔ 표시하세요.

분발하세요. 잘하고 있네요. 완전최고

1번　2번　3번　4번　5번　6번　7번　8번　9번　10번

활용 과정　185

패턴 10 I have to~ ~을 해야 해.

Track 81

have to는 '~해야 한다'는 뜻이 있는 must나 should와 뜻이 비슷합니다. 그런데 느낌이 다소 다릅니다. 굳이 나타내자면 must 〉 have to 〉 should 정도 됩니다. 이 중에 대화하면서 가장 많이 쓰는 것은 have to입니다.

❶ 지금 가야 해.　　　　　　　　　I have to go now.
　　　　　　　　　　　　　　　　[아이 햅투 고우 나우]

❷ 다시 요리를 해야 해.　　　　　　I have to cook again.
　　　　　　　　　　　　　　　　[아이 햅투 쿡 어겐]

❸ 이사를 해야 해.　　　　　　　　I have to move.
　　　　　　　　　　　　　　　　[아이 햅투 무브]

❹ 숙제를 끝내야 해.　　　　　　　I have to finish my homework.
　　　　　　　　　　　　　　　　[아이 햅투 프히니쉬 마이 홈웤]

❺ 여기서 멈춰야 해.　　　　　　　I have to stop here.
　　　　　　　　　　　　　　　　[아이 햅투 스탑 히어ㄹ]

미니회화

A I have to go now.　　　　　　　　　　　　　이제 가야 해.
B Already? It's still bright outside.　　　　　벌써? 밖은 여전히 환하잖아.
A Sorry. I have to finish my homework today.　미안. 오늘 숙제를 끝내야 해.

Tip 종종 have to 대신에 have got to로도 쓰는데 의미는 차이가 없습니다.

7번 패턴 쓰기

이제 영어 회화 실전 단계이므로 반복해서 쓰는 연습을 하게 됩니다. 손으로 익히면 암기도 최고!

1 지금 가야 해.
❶ I have to go now.
❷
❸
❹
❺
❻
❼

2 다시 요리를 해야 해.
❶ I have to cook again.
❷
❸
❹
❺
❻
❼

3 이사를 해야 해.
❶ I have to move.
❷
❸
❹
❺
❻
❼

4 숙제를 끝내야 해.
❶ I have to finish my homework.
❷
❸
❹
❺
❻
❼

5 여기서 멈춰야 해.
❶ I have to stop here.
❷
❸
❹
❺
❻
❼

정리 원어민 발음을 듣고 큰 소리로 따라 읽은 후에 아래 횟수에 ✓ 표시하세요.

분발 하세요.				잘하고 있네요.				완전최고	
1번	2번	3번	4번	5번	6번	7번	8번	9번	10번

활용 과정 187

64

패턴 11 I'd like~ ~을 주세요.

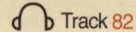 Track 82

I'd like는 I would like의 줄임말입니다. I'd like는 '무언가를 내가 원한다'는 뜻입니다. 비슷한 말로 I want가 있는데 I'd like가 더 공손한 표현입니다.

❶ 맥주 좀 주세요.   I'd like **a beer**, please.
   [아이드 라읶 어 비어ㄹ 플리ㅈ]

❷ 물 한 잔 주세요.   I'd like **a glass of water**.
   [아이드 라읶 어 글래서브 워러]

❸ 창문 쪽 좌석으로 주세요.   I'd like **a window seat**, please.
   [아이드 라읶 어 윈도우 씨이ㅌ 플리ㅈ]

❹ 커피 한 잔 주세요.   I'd like **a cup of coffee**.
   [아이드 라읶 어 컵오브 커프히]

❺ 스파게티 주세요.   I'd like **spaghetti**.
   [아이드 라읶 스파게리]

미니회화

🅐 What would you like to drink?   음료는 무엇으로 하시겠습니까?
🅑 I'd like a cup of coffee.   커피 한 잔 주세요.
🅐 Anything else?   다른 거 필요한 건 있나요?
🅑 That's it.   그게 다 입니다.

Tip　Anything(어떤 것) + else(그 밖의) → 그 밖에 어떤 필요한 것이 있나요?

7번 패턴 쓰기

이제 영어 회화 실전 단계이므로 반복해서 쓰는 연습을 하게 됩니다. 손으로 익히면 암기도 최고!

1 맥주 좀 주세요.

❶ I'd like a beer, please.
❷
❸
❹
❺
❻
❼

2 물 한 잔 주세요.

❶ I'd like a glass of water.
❷
❸
❹
❺
❻
❼

3 창문 쪽 좌석으로 주세요.

❶ I'd like window seat, please.
❷
❸
❹
❺
❻
❼

4 커피 한 잔 주세요.

❶ I'd like a cup of coffee.
❷
❸
❹
❺
❻
❼

5 스파게티 주세요.

❶ I'd like spaghetti.
❷
❸
❹
❺
❻
❼

정리 원어민 발음을 듣고 큰 소리로 따라 읽은 후에 아래 횟수에 ✔ 표시하세요.

분발하세요. | 잘하고 있네요. | 완전최고
1번 | 2번 | 3번 | 4번 | 5번 | 6번 | 7번 | 8번 | 9번 | 10번

65

패턴 12 **I'd like to~** ~하고 싶어요.

🎧 Track 83

I'd like에 to를 붙이면 '~를 하고 싶다'는 말이 됩니다. 이와 비슷한 표현으로 'I want to~(~를 원합니다)'가 있습니다. 하지만 I'd like to가 더 공손한 표현이며 더 자주 쓰입니다.

❶ 주문하고 싶어요.　　　　　**I'd like to order.**
　　　　　　　　　　　　　　[아이드 라익 투 올더ㄹ]

❷ 피자 한 조각을 먹고 싶어요.　**I'd like to have a piece of pizza.**
　　　　　　　　　　　　　　[아이드 라익 투 햅어 피이스어브 핏자]

❸ 체크 아웃 하고 싶어요.　　　**I'd like to check out.**
　　　　　　　　　　　　　　[아이드 라익 투 체ㅋ 아웉]

❹ 이것을 반품하고 싶어요.　　　**I'd like to return this.**
　　　　　　　　　　　　　　[아이드 라익 투 리턴 ð디스]

❺ 저 스웨터를 보고 싶어요.　　**I'd like to see the sweater.**
　　　　　　　　　　　　　　[아이드 라익 투 씨 더 스웨러]

미니회화

Ⓐ Can I help you?　　　　　　　도와 드릴까요?
Ⓑ I'd like to return this.　　　　이것을 반품하고 싶어요.
Ⓐ Sure. May I have the receipt?　그러세요. 영수증 좀 볼 수 있을까요?
Ⓑ Here you are.　　　　　　　　여기 있습니다.

Tip　물건을 샀다가 반품할 때는 반드시 receipt(영수증[뤼시이ㅌ])이 필요합니다.

7번 패턴 쓰기

이제 영어 회화 실전 단계이므로 반복해서 쓰는 연습을 하게 됩니다. 손으로 익히면 암기도 최고!

1 주문하고 싶어요.

❶ I'd like to order.
❷
❸
❹
❺
❻
❼

2 피자 한 조각을 먹고 싶어요.

❶ I'd like to have a piece of pizza.
❷
❸
❹
❺
❻
❼

3 체크 아웃 하고 싶어요.

❶ I'd like to check out.
❷
❸
❹
❺
❻
❼

4 이것을 반품하고 싶어요.

❶ I'd like to return this.
❷
❸
❹
❺
❻
❼

5 저 스웨터를 보고 싶어요.

❶ I'd like to see the sweater.
❷
❸
❹
❺
❻
❼

정리 원어민 발음을 듣고 큰 소리로 따라 읽은 후에 아래 횟수에 ✓ 표시하세요.

분발하세요. 잘하고 있네요. 완전최고

1번 2번 3번 4번 5번 6번 7번 8번 9번 10번

패턴 13 Let me~ ~할게.

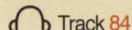 Track 84

let은 원래 '허락하다'라는 뜻입니다. 그래서 'Let me~' 하면 '내게 허락해 줘'라는 뜻이죠. 이 말은 결국 내가 무엇을 할 테니 당신이 허락해 달라는 말로써 공손한 표현이 되는 겁니다. Let me는 꼭 허락을 받는다기보다는 '내가 할 거다'라는 말을 좀 돌려서 하는 말입니다.

❶ 확인해 볼게.   **Let me check.**
[렛미 첵]

❷ 내가 설명할게.   **Let me explain.**
[렛미 익ㅅ플레인]

❸ 뭔가 이야기할 게 있어.   **Let me tell you something.**
[렛미 텔유 썸θ씽]

❹ 예를 하나 들어 볼게.   **Let me make an example.**
[렛미 메일언 이그잼프어ㄹ]

❺ 내 소개를 해 볼게.   **Let me introduce myself.**
[렛미 인트로듀ㅅ 마이세어프ㅎ]

미니회화

A Let me tell you something about the man.   그 남자에 대해 뭔가 이야기할 게 있어.
B What is it?   뭔데?
A He has two sons.   그는 아들이 둘이나 있대.
B What? Isn't he a single?   뭐? 총각 아니었어?

Tip 자신을 소개하는 말로는 'May I introduce myself?'도 있습니다.

7번 패턴 쓰기

이제 영어 회화 실전 단계이므로 반복해서 쓰는 연습을 하게 됩니다. 손으로 익히면 암기도 최고!

1 확인해 볼게.

❶ Let me check.
❷
❸
❹
❺
❻
❼

2 내가 설명할게.

❶ Let me explain.
❷
❸
❹
❺
❻
❼

3 뭔가 이야기할 게 있어.

❶ Let me tell you something.
❷
❸
❹
❺
❻
❼

4 예를 하나 들어 볼게.

❶ Let me make an example.
❷
❸
❹
❺
❻
❼

5 내 소개를 해 볼게.

❶ Let me introduce myself.
❷
❸
❹
❺
❻
❼

정리 원어민 발음을 듣고 큰 소리로 따라 읽은 후에 아래 횟수에 ✔ 표시하세요.

분발 하세요. — 1번 2번 3번 4번
잘하고 있네요. — 5번 6번 7번 8번
완전최고 — 9번 10번

활용 과정 193

총정리

우리는 지금까지 13개의 패턴을 배웠습니다.
기억이 잘 나는지 우리말 밑에 영어로 써 보고 체크하세요. 나중에 잘 모르는 부분만 복습하면 됩니다.

영어 패턴	체크
1. ~해서 미안해. →	☐
2. 미안하지만 ~해. →	☐
3. ~할 수 없어. →	☐
4. ~하려고 해. →	☐
5. ~을 찾고 있어요. →	☐

영어 패턴	체크
6. ~을 할 거야. →	☐
7. ~을 먹을게요. →	☐
8. ~ 하지 않을 거야. →	☐
9. ~을 가지고 있어. →	☐
10. ~을 해야 해. →	☐
11. ~을 주세요. →	☐
12. ~ 하고 싶어요. →	☐
13. ~할게. →	☐

잘 기억 나시나요? 이제 13개의 평서문 패턴을 마칩니다.
이제부터는 의문문으로 된 패턴을 공부해 봅시다.

패턴 14 What? 뭐야?

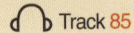 Track 85

참 많이 쓰이는 의문사입니다. 미국 어린아이들은 걸핏하면 What? What?이라고 외칩니다.
우리 식으로 말하면 '뭐라고?' 혹은 '뭔데?' 정도입니다. 우리는 What?을 활용해서 물어볼 게 참 많습니다. 표현을 잘 배워 보겠습니다.

❶ 무슨 일을 하세요?   **What** do you do?
[왓 듀유 듀]

❷ 무슨 뜻이야?   **What** do you mean?
[왓 듀유 미인]

❸ 무엇을 추천해 주시겠습니까?   **What** do you recommend?
[왓 듀유 뤠커멘ㄷ]

❹ 최종 목적지는 어디(무엇)입니까?   **What**'s your final destination?
[왓츄얼 프화이날 데스티네이션]

❺ 방문 목적이 무엇입니까?   **What**'s the purpose of your visit?
[왓츠더 퍼ㄹ퍼스업 유어비지ㅌ]

미니회화

A What's your purpose of your visit?   방문 목적이 무엇입니까?
B For sightseeing.   관광하러 왔어요.

Tip 이번 미니 회화는 30과에서 단어를 학습하면서 나온 표현인데 기억나세요?
입국 심사 때 꼭 물어보는 표현이니까 반드시 익혀 두세요.

7번 패턴 쓰기

이제 영어 회화 실전 단계이므로 반복해서 쓰는 연습을 하게 됩니다. 손으로 익히면 암기도 최고!

1 무슨 일을 하세요?

❶ What do you do?
❷
❸
❹
❺
❻
❼

2 무슨 뜻이야?

❶ What do you mean?
❷
❸
❹
❺
❻
❼

3 무엇을 추천해 주시겠습니까?

❶ What do you recommend?
❷
❸
❹
❺
❻
❼

4 최종 목적지는 어디(무엇)입니까?

❶ What's your final destination?
❷
❸
❹
❺
❻
❼

5 방문 목적이 무엇입니까?

❶ What's the purpose of your visit?
❷
❸
❹
❺
❻
❼

정리 원어민 발음을 듣고 큰 소리로 따라 읽은 후에 아래 횟수에 ✓ 표시하세요.

분발하세요. / 잘하고 있네요. / 완전최고

| 1번 | 2번 | 3번 | 4번 | 5번 | 6번 | 7번 | 8번 | 9번 | 10번 |

활용 과정

68

패턴 15 **How?** 어떻게?

🎧 Track 86

How는 '어떻게'라는 뜻에서 알 수 있듯이 안부를 묻는 의문사입니다. 'How are you?'라는 인사는 잘 아시죠? How는 이 밖에도 방법을 묻거나 '얼마나'라는 정도를 묻는 데도 사용됩니다. 다양하게 쓰이는 아래 표현을 잘 배워 봅시다.

❶ 여행 어땠어?   **How's your trip?**
[하우즈 유어 트립]

❷ 오늘 점심 어때?   **How about lunch today?**
[하우 어밭 런취 투데이]

❸ 날씨가 어때?   **How's the weather?**
[하우즈 더 웨ðl더ㄹ]

❹ 시간이 얼마나 걸리나요?   **How long does it take?**
[하우 롱 더짙 테이크]

❺ 얼마나 오래 머물 겁니까?   **How long will you stay?**
[하우 롱 윌유 스테이]

미니회화

ⓐ How long will you stay?   얼마나 오래 머물 겁니까?
ⓑ For five days.   5일 동안이요.

Tip How about~? ~하는 게 어때?

7번 패턴 쓰기

이제 영어 회화 실전 단계이므로 반복해서 쓰는 연습을 하게 됩니다. 손으로 익히면 암기도 최고!

1 여행 어땠어?
① How's your trip?
②
③
④
⑤
⑥
⑦

2 오늘 점심 어때?
① How about lunch today?
②
③
④
⑤
⑥
⑦

3 날씨가 어때?
① How's the weather?
②
③
④
⑤
⑥
⑦

4 시간이 얼마나 걸리나요?
① How long does it take?
②
③
④
⑤
⑥
⑦

5 얼마나 오래 머물 겁니까?
① How long will you stay?
②
③
④
⑤
⑥
⑦

정리 원어민 발음을 듣고 큰 소리로 따라 읽은 후에 아래 횟수에 ✔ 표시하세요.

분발하세요. 잘하고 있네요. 완전최고

| 1번 | 2번 | 3번 | 4번 | 5번 | 6번 | 7번 | 8번 | 9번 | 10번 |

69

패턴 16 **Why?** 왜?

🎧 Track 87

Why는 이유를 묻거나 따질 때 쓰는 표현이죠. why가 사용된 중요한 표현이 있는데 'Why don't you~?'입니다. '~하는 게 어때?'라는 제안의 의미가 있습니다.

❶ 오늘 왜 그렇게 늦었어?
Why are you so late?
[와이 알유 쏘우 레이트]

❷ 왜 혼자 먹고 있어?
Why are you eating alone?
[와이 알유 이링 얼론]

❸ 너 왜 왔어?
Why did you come here?
[와이 디쥬 컴 히어ㄹ]

❹ 우리한테 끼는 게 어때?
Why don't you join us?
[와이 돈츄 조이너스]

❺ 좀 더 기다려 보는 게 어때?
Why don't you wait more?
[와이 돈츄 웨잍 모어ㄹ]

미니회화

Ⓐ Why are you so late? — 오늘 왜 그렇게 늦었니?
Ⓑ Sorry. I got up late today. — 미안해. 오늘 늦게 일어났어.
Ⓐ Don't do that again. — 다시는 그러지 마.

Tip Why don't you의 발음에 주의하세요. don't과 you가 연음 되어 [돈츄]라고 발음됩니다.

7번 패턴 쓰기

이제 영어 회화 실전 단계이므로 반복해서 쓰는 연습을 하게 됩니다. 손으로 익히면 암기도 최고!

1 오늘 왜 그렇게 늦었어?
① Why are you so late?
②
③
④
⑤
⑥
⑦

2 왜 혼자 먹고 있어?
① Why are you eating alone?
②
③
④
⑤
⑥
⑦

3 너 왜 왔어?
① Why did you come here?
②
③
④
⑤
⑥
⑦

4 우리한테 끼는 게 어때?
① Why don't you join us?
②
③
④
⑤
⑥
⑦

5 좀 더 기다려 보는 게 어때?
① Why don't you wait more?
②
③
④
⑤
⑥
⑦

정리 원어민 발음을 듣고 큰 소리로 따라 읽은 후에 아래 횟수에 ✔ 표시하세요.

분발하세요. / 잘하고 있네요. / 완전최고

1번 2번 3번 4번 5번 6번 7번 8번 9번 10번

패턴 17 Where? 어디?

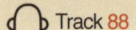

Where는 장소를 물을 때 쓰는 말이죠? 찾아가야 하는 곳이 많은 여행길에서 잘 쓰입니다.

❶ 화장실이 어디에 있나요?
Where is the restroom?
[웨어리즈 더 뤠스트룸]

❷ 가까운 해변이 어디에 있나요?
Where is the nearest beach?
[웨어리즈 더 니어뤼스ㅌ 비취]

❸ 카트는 어디에 있나요?
Where is a cart?
[웨어리즈 어 카알ㅌ]

❹ 칼기 카운터가 어디에 있나요?
Where is the KAL counter?
[웨어리즈 칼 카운터ㄹ]

❺ 어디에 머물 겁니까?
Where will you stay?
[웨어윌유 스떼이]

미니회화

A **Where will you stay?**   어디에 머물 겁니까?
B **At Kent hotel.**   켄트 호텔에요.

Tip 외국 공항에서는 국내 항공 카운터를 찾기 어려울 때가 있습니다. 대한항공은 **K**orean **A**irlines의 약자로 KAL(칼)이라고 하니 혼동하지 마세요.

7번 패턴 쓰기

이제 영어 회화 실전 단계이므로 반복해서 쓰는 연습을 하게 됩니다. 손으로 익히면 암기도 최고!

1 화장실이 어디에 있나요?

❶ Where is the restroom?
❷
❸
❹
❺
❻
❼

2 가까운 해변이 어디에 있나요?

❶ Where is the nearest beach?
❷
❸
❹
❺
❻
❼

3 카트는 어디에 있나요?

❶ Where is a cart?
❷
❸
❹
❺
❻
❼

4 칼기 카운터가 어디에 있나요?

❶ Where is the KAL counter?
❷
❸
❹
❺
❻
❼

5 어디에 머물 겁니까?

❶ Where will you stay?
❷
❸
❹
❺
❻
❼

정리 원어민 발음을 듣고 큰 소리로 따라 읽은 후에 아래 횟수에 ✔ 표시하세요.

분발하세요. / 잘하고 있네요. / 완전최고

1번 2번 3번 4번 5번 6번 7번 8번 9번 10번

71

패턴 18 When? 언제?

🎧 Track 89

When은 약속을 정하거나 어떤 일이 일어난 시간을 묻는 표현입니다. 해외 여행을 할 때 서로 시간 약속을 정할 때 유용하게 사용되는 표현입니다.

❶ 언제 볼 수 있을까?　　　　**When can I see you?**
[웬 캔 아이 씨 유]

❷ 언제 이야기할 수 있지?　　**When can I talk to you?**
[웬 캔 아이 턱 투 유]

❸ 언제 그것을 알았어?　　　 **When did you know that?**
[웬 디쥬 노우 ð댙]

❹ 언제 이 일이 일어난 거야?　**When did it happen?**
[웬 디쥬잍 해픈]

❺ 영화는 언제 상영합니까?　 **When do you show the movie?**
[웬 두유 쇼우 더 무비]

미니회화

A Thank you for wonderful dinner.　　아주 멋진 저녁 감사해요.
B It's my pleasure. **When can I see you again?**
　　　　　　　　　　　　　　　　　저도 기뻐요. 언제 다시 볼 수 있을까요?
A How about next Sunday?　　　　　다음 주 일요일 어때요?
B Great!　　　　　　　　　　　　　좋습니다!

Tip　Thank you for~ ~에 대해 감사하다

7번 패턴 쓰기

이제 영어 회화 실전 단계이므로 반복해서 쓰는 연습을 하게 됩니다. 손으로 익히면 암기도 최고!

1 언제 볼 수 있을까?
❶ When can I see you?
❷
❸
❹
❺
❻
❼

2 언제 이야기할 수 있지?
❶ When can I talk to you?
❷
❸
❹
❺
❻
❼

3 언제 그것을 알았어?
❶ When did you know that?
❷
❸
❹
❺
❻
❼

4 언제 이 일이 일어난 거야?
❶ When did it happen?
❷
❸
❹
❺
❻
❼

5 영화는 언제 상영합니까?
❶ When do you show the movie?
❷
❸
❹
❺
❻
❼

정리 원어민 발음을 듣고 큰 소리로 따라 읽은 후에 아래 횟수에 ✓ 표시하세요.

분발하세요. / 잘하고 있네요. / 완전최고

1번 2번 3번 4번 5번 6번 7번 8번 9번 10번

활용 과정 205

72

패턴 19 Can I~? ~ 해도 될까요?

🎧 Track 90

해외여행 다녀 보신 분은 아시겠지만 외국인이 나에게 먼저 말을 거는 경우는 쇼핑할 때 정도입니다. 대부분 내가 아쉬워서 뭔가 부탁하는 경우죠. 아쉬운 게 많은 우리가 많이 쓰는 표현은 단연코 Can I입니다.

❶ 지나갈 수 있을까요?　　　　Can I pass?
　　　　　　　　　　　　　　[캔 아이 패ㅅ]

❷ 내 자리 좀 바꿀 수 있을까요?　Can I change my seat?
　　　　　　　　　　　　　　[캔 아이 췌인쥐 마이싵]

❸ 도와 드릴까요?　　　　　　Can I help you?
　　　　　　　　　　　　　　[캔 아이 헤얼 퓨]

❹ 입어 봐도 될까요?　　　　　Can I try on?
　　　　　　　　　　　　　　[캔 아이 트라이 온]

❺ 여기서 사진을 찍어도 될까요?　Can I take picture here?
　　　　　　　　　　　　　　[캔 아이 테익 픽춰 히어ㄹ]

미니회화

A Can I help you?　　　　　　　도와 드릴까요?
B Yes. I'm looking for shirts.　　네. 셔츠를 찾고 있어요.
A How about this?　　　　　　　이건 어떠세요?
B Can I try on?　　　　　　　　입어 봐도 될까요?

7번 패턴 쓰기

이제 영어 회화 실전 단계이므로 반복해서 쓰는 연습을 하게 됩니다. 손으로 익히면 암기도 최고!

1 지나갈 수 있을까요?

❶ Can I pass?
❷
❸
❹
❺
❻
❼

2 내 자리 좀 바꿀 수 있을까요?

❶ Can I change my seat?
❷
❸
❹
❺
❻
❼

3 도와 드릴까요?

❶ Can I help you?
❷
❸
❹
❺
❻
❼

4 입어 봐도 될까요?

❶ Can I try on?
❷
❸
❹
❺
❻
❼

5 여기서 사진을 찍어도 될까요?

❶ Can I take picture here?
❷
❸
❹
❺
❻
❼

정리 원어민 발음을 듣고 큰 소리로 따라 읽은 후에 아래 횟수에 ✔ 표시하세요.

분발 하세요. — 1번 2번 3번 4번
잘하고 있네요. — 5번 6번 7번 8번
완전최고 — 9번 10번

패턴 20 Can I have~? ~좀 줄 수 있어요?

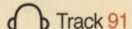 Track 91

원래 'Can I have~?'는 내가 '~을 가질 수 있어요?'라는 뜻이지만 의역해서 '~ 좀 줄 수 있어요?' 정도로 생각하면 됩니다. 쉽게 말해서 무엇을 달라는 표현입니다. 잘 익혀서 챙길 건 꼭 챙깁시다.

❶ 오렌지 주스 좀 줄 수 있어요? **Can I have orange juice?**
[캔 아이 햅 오린쥐 주스]

❷ 좀 더 줄 수 있어요? **Can I have some more?**
[캔 아이 햅 썸 모어ㄹ]

❸ 신문 좀 갖다 줄 수 있어요? **Can I have a newspaper?**
[캔 아이 햅 어 뉴스페이퍼ㄹ]

❹ 담요 하나 더 줄 수 있어요? **Can I have an extra blanket?**
[캔 아이 햅 언액스트뤄 블랜킽]

❺ 수건 하나 더 줄 수 있어요? **Can I have an extra towel?**
[캔 아이 햅 언액스트뤄 타우어ㄹ]

미니회화

A Excuse me. 실례합니다.
B Yes? 네?
A Can I have orange juice? 오렌지 주스 좀 줄 수 있어요?
B Sure. 물론이죠.

Tip 승무원을 부를 때 '스튜어디스~'라고 부르지 않습니다. 그리고 "Hello"라고 하는 것보다 "Excuse me."라고 하는 것이 훨씬 예의 바른 표현입니다.

7번 패턴 쓰기

이제 영어 회화 실전 단계이므로 반복해서 쓰는 연습을 하게 됩니다. 손으로 익히면 암기도 최고!

1 오렌지 주스 좀 줄 수 있어요?
❶ Can I have orange juice?
❷
❸
❹
❺
❻
❼

2 좀 더 줄 수 있어요?
❶ Can I have some more?
❷
❸
❹
❺
❻
❼

3 신문 좀 갖다 줄 수 있어요?
❶ Can I have a newspaper?
❷
❸
❹
❺
❻
❼

4 담요 하나 더 줄 수 있어요?
❶ Can I have an extra blanket?
❷
❸
❹
❺
❻
❼

5 수건 하나 더 줄 수 있어요?
❶ Can I have an extra towel?
❷
❸
❹
❺
❻
❼

정리 원어민 발음을 듣고 큰 소리로 따라 읽은 후에 아래 횟수에 ✔ 표시하세요.

분발하세요. — 잘하고 있네요. — 완전최고
1번 2번 3번 4번 5번 6번 7번 8번 9번 10번

74

패턴 21 Can I use~? ~좀 써도 될까요?

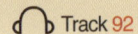 Track 92

이번에는 빌려 쓰는 표현입니다. 전화할 일이 급하게 생길 때나 이메일을 확인해야 할 때 유용한 표현이죠. 돈 쓰지 말고 잘 빌려서 공짜로 해결합시다.

❶ 전화기 좀 써도 될까요? **Can I use** your phone?
[캔 아이 유즈 유어 폰]

❷ 펜 좀 써도 될까요? **Can I use** your pen?
[캔 아이 유즈 유어 펜]

❸ 화장실 좀 써도 될까요? **Can I use** your bathroom?
[캔 아이 유즈 유어 베θ쓰룸]

❹ 컴퓨터 좀 써도 될까요? **Can I use** your computer?
[캔 아이 유즈 유어 컴퓨러]

❺ 팩스 좀 써도 될까요? **Can I use** your fax machine?
[캔 아이 유즈 유어 프핵스머쉰]

미니회화

A I lost my phone. 휴대폰을 잃어 버렸어요.
B Oh, no. 오, 저런.
A Can I use your phone? 전화 좀 써도 될까요?
B Sure. Here you are. 물론이죠. 여기 있어요.

Tip Here you are[히어 유 아ㄹ]는 상대방에게 물건을 건네 줄 때 많이 쓰는 표현입니다. 비슷한 말로 Here it is[히어 잇이즈]가 있습니다.

7번 패턴 쓰기

이제 영어 회화 실전 단계이므로 반복해서 쓰는 연습을 하게 됩니다. 손으로 익히면 암기도 최고!

1 전화기 좀 써도 될까요?

❶ Can I use your phone?
❷
❸
❹
❺
❻
❼

2 펜 좀 써도 될까요?

❶ Can I use your pen?
❷
❸
❹
❺
❻
❼

3 화장실 좀 써도 될까요?

❶ Can I use your bathroom?
❷
❸
❹
❺
❻
❼

4 컴퓨터 좀 써도 될까요?

❶ Can I use your computer?
❷
❸
❹
❺
❻
❼

5 팩스 좀 써도 될까요?

❶ Can I use your fax machine?
❷
❸
❹
❺
❻
❼

정리 원어민 발음을 듣고 큰 소리로 따라 읽은 후에 아래 횟수에 ✓ 표시하세요.

분발하세요. 잘하고 있네요. 완전최고

1번 2번 3번 4번 5번 6번 7번 8번 9번 10번

75

패턴 22 **Can you~?** ~해 줄 수 있어요?

🎧 Track 93

단순히 상대방이 무엇을 할 수 있는지 물어볼 경우도 있지만 '~해 줄 수 있는지' 부탁하는 표현도 됩니다. 보다 정중하게 말하려면 'Could you~?'를 쓰는데 일상에서는 'Can you~?'면 충분합니다.

❶ 기다려 줄 수 있어?　　　　Can you wait?
　　　　　　　　　　　　　　[캔 유 웨이트]

❷ 와 줄 수 있어?　　　　　　Can you come?
　　　　　　　　　　　　　　[캔 유 컴]

❸ 나 좀 도와 줄 수 있어?　　 Can you help me?
　　　　　　　　　　　　　　[캔 유 헤어프 미]

❹ 이유를 말해 줄 수 있어?　　Can you tell me why?
　　　　　　　　　　　　　　[캔 유 텔미 와이]

❺ 기회를 줄 수 있어?　　　　Can you give me a chance?
　　　　　　　　　　　　　　[캔 유 깁미 어 췐스]

미니회화

Ⓐ Can you help me?　　　　　나 좀 도와 줄 수 있어?
Ⓑ Sure. What is it?　　　　　　물론이지. 뭔데?
Ⓐ My computer isn't working.　내 컴퓨터가 작동을 안 해.
Ⓑ No problem. I'll fix it now.　문제 없어. 내가 지금 고칠게.

Tip　work는 '일하다'라는 뜻 외에도 '(기계가) 작동하다'라는 뜻도 있습니다.

7번 패턴 쓰기

이제 영어 회화 실전 단계이므로 반복해서 쓰는 연습을 하게 됩니다. 손으로 익히면 암기도 최고!

1 기다려 줄 수 있어?
❶ Can you wait?
❷
❸
❹
❺
❻
❼

2 와 줄 수 있어?
❶ Can you come?
❷
❸
❹
❺
❻
❼

3 나 좀 도와 줄 수 있어?
❶ Can you help me?
❷
❸
❹
❺
❻
❼

4 이유를 말해 줄 수 있어?
❶ Can you tell me why?
❷
❸
❹
❺
❻
❼

5 기회를 줄 수 있어?
❶ Can you give me a chance?
❷
❸
❹
❺
❻
❼

정리 원어민 발음을 듣고 큰 소리로 따라 읽은 후에 아래 횟수에 ✔ 표시하세요.

분발하세요. | 잘하고 있네요. | 완전최고
1번 2번 3번 4번 5번 6번 7번 8번 9번 10번

활용 과정

총정리

우리는 마지막으로 9개의 의문사 패턴을 배웠습니다.
기억이 잘 나는지 우리말 밑에 영어를 써 보고 체크하세요. 나중에 잘 모르는 부분만 복습하면 됩니다.

영어 패턴	체크
1. 뭐야? →	☐
2. 어떻게? →	☐
3. 왜? →	☐
4. 어디? →	☐
5. 언제? →	☐

이 페이지는 엄청 쉽지요.

영어 패턴	체크
6. ~ 해도 될까요? →	☐
7. ~ 좀 줄 수 있어요? →	☐
8. ~ 좀 써도 될까요? →	☐
9. ~ 해 줄 수 있어요? →	☐

잘 기억 나시나요? 이제 13개의 평서문 패턴과 9개의 의문문 패턴을 마칩니다.

여러분 그동안 수고 많으셨습니다.
이 책을 착실하게 공부하셨다면 여러분은 지금 중급 정도의 실력에 도달했을 겁니다. 아울러 아직 100% 이해가 안 가신다면 계속 반복해서 학습하시기를 권장해 드립니다.

부록

- 영어 이름 쓰기
- 콩글리쉬 랭킹 10
- 여행 영어 회화
- 여행 한영 사전

영어 이름 쓰기 (로마자 한글 표기법)

모음

ㅏ	ㅓ	ㅗ	ㅜ	ㅡ	ㅣ	ㅐ	ㅔ	ㅚ	ㅟ
a	eo	o	u	eu	i	ae	e	oe	wi

ㅑ	ㅕ	ㅛ	ㅠ	ㅒ	ㅖ	ㅘ	ㅙ	ㅝ	ㅞ	ㅢ
ya	yeo	yo	yu	yae	ye	wa	wae	wo	we	ui

자음

ㄱ	ㄲ	ㅋ	ㄷ	ㄸ	ㅌ	ㅂ	ㅃ	ㅍ	ㅈ	ㅉ
g,k	kk	k	d,t	tt	t	b,p	pp	p	j	jj

ㅊ	ㅅ	ㅆ	ㅎ	ㄴ	ㅁ	ㅇ	ㄹ
ch	s	ss	h	n	m	ng	r,l

1 성과 이름은 띄어 쓰고 이름은 붙여 쓰되 음절 사이에 붙임표 사용을 허용한다.
 ex 김수연: Kim Suyeon (또는 Kim Su-Yeon)
    한동효: Han Donghyo(또는 Han Dong-Hyo)

2 ㄱ, ㄷ, ㅂ, ㅈ은 k, t, p, ch에서 g, d, b, j로 통일한다.
 ex 부산: Pusan → Busan, 대구: Taegu → Daegu
    단, ㄱ, ㄷ, ㅂ이 받침에 올 때는 k, t, p로 쓴다.
    곡성 → Gokseong, 무극 → Mugeuk

3 ㅅ은 sh와 s로 나눠 적던 것을 s로 통일한다.
 ex 신라 : Shilla → Silla

콩글리쉬 랭킹 10

1 cunning(컨닝)
커닝이라고 읽으며 '교활한'이라는 뜻입니다.
> **바른 표현** **cheat**(속이다) + **ing**(것) = **cheating**[취링]
> 부정 행위는 '속이는 것'이죠.

2 running machine(러닝 머신)
'뛰는 기계'라는 뜻이니까 맞을 것 같지만 이렇게 쓰지 않습니다.
> **바른 표현** **tread**(밟는) + **mill**(기구) = **treadmill**[트뤠드미어ㄹ]
> 발로 밟으며 운동하는 기구

3 hunting(헌팅)
헌팅이라는 말은 동물 사냥에 쓰이지 이성을 꼬시는 용어로는 쓰지 않죠.
> **바른 표현** **pick**(뽑다) + **up**(올리다) = **pick up girls**[피컵 거얼ㅈ]
> 거리에서 뽑아 올리는 행위

4 arbeit(아르바이트)
아르바이트는 영어가 아니라 독일어로 '일, 노동'이라는 뜻입니다.
> **바른 표현** **part time**(일부분 시간 내는) + **job**(일) = **part time job**[파알타임 좝]
> 시간을 부분적으로만 할애해서 하는 일

5 skinship(스킨쉽)
이런 말 자체를 쓰지 않으니 전혀 안 통합니다.

> **바른 표현** ▶ **physical**(신체의) + **touch**(접촉) = **physical touch**[프ㅎ지컬 터취]

6 eye shopping(아이 쇼핑)
미국인 입장에서 이 말은 눈을 쇼핑한다는 말처럼 들립니다.

> **바른 표현** ▶ **window**(창문) + **shopping**(쇼핑) = **window shopping**[윈도우 쇼핑]
> 유리 밖에서만 구경한다는 의미입니다.

7 fighting(파이팅)
fight는 '싸우다'는 뜻인데 실제 미국인은 사용하지 않아요. 한국 사람이 워낙 많이 써서 국내 원어민이 따라 하는 경우도 있긴 합니다. ^^

> **바른 표현** ▶ **cheer**(생기) + **up**(올리다) = **cheer up**[취어럽] = 힘내!

8 hand phone(핸드폰)
손으로 가지고 다니는 전화라는 의미로 사용하는데 미국 사람에게는 잘 안 통하고 동남아에서는 좀 통합니다. 명함에 'h.p.'는 모두 콩글리쉬!

> **바른 표현** ▶ **cell**(셀 방식의) + **phone**(전화) = **cell phone**[쎌 프혼] 미국식
> **mobile**(가지고 다니는) + **phone**(전화) = **mobile phone**[모바이어ㄹ 프혼]
> 영국, 호주식

9 **overeat**(오바이트)

overeat는 '오우버릿'이라고 읽고 '토하다'가 아니라 '과식하다'는 뜻입니다. 오버해서 먹었다는 거죠.

> **바른 표현** ▶ **throw**(던지다) + **up**(올리다) = **throw up**[θ쓰로우 업]
> 몸 속에서 음식물을 위로 던지는 행위, 토하다

10 **notebook**(노트북)

notebook은 '노웉북'이라고 읽으며 공책이라는 뜻입니다.

> **바른 표현** ▶ **lap**(무릎) + **top**(위) = **laptop**[랩탑]
> 무릎 위에 올려 놓고 쓰고 컴퓨터를 말합니다.

여행 영어 회화

1 비행기
- 필수 어휘

| 01 물 water [워러] | 02 맥주 beer [비어ㄹ] | 03 포도주 wine [와인] |

| 04 주스 juice [쥬우ㅅ] | 05 커피 coffee [카프히] | 06 신문 newspaper [뉴즈페이퍼ㄹ] |

| 07 잡지 magazine [메거지~인] | 08 담요 blanket [블랑킽] | 09 베개 pillow [필로우] |

| 10 카드 card [카아드] | 11 차 tea [티이] | 12 식사 meal [미어ㄹ] |

| 13 닭고기 chicken [취킨] | 14 소고기 beef [비프ㅎ] | 15 마실 것 drink [드륀ㅋ] |

| 16 헤드폰 headset [헤ㄷ셋] | 17 불 light [라잍] | 18 슬리퍼 slippers [슬리펄ㅈ] |

| 19 안전 벨트 seat belt [씨잍 베얼트] | 20 면세품 tax-free goods [택스 프ㅎ리 굳ㅈ] |

● 필수 표현

맥주 좀 주세요.	I'd like a beer, please. [아이드 라잌 어 비어ㄹ 플리ㅈ]
물 좀 주세요.	I'd like water, please. [아이드 라잌 어 워러 플리ㅈ]
커피 좀 주세요.	Get me some coffee. [겟미 썸 커프히이]
담요 좀 주세요.	Get me a blanket. [겟미 어 블랑킽]
콜라 있나요?	Do you have coke? [두유 햅 코ㅋ]
면세품 보여 주세요.	Show me some tax-free goods. [쇼우 미 섬 택스 프ㅎ리 굳ㅈ]
한국 신문 있어요?	Do you have Korean newspaper? [두 유 햅 커뤼언 뉴즈페이퍼ㄹ]
식사가 언제인가요?	When is the meal? [웨니즈 더 미어ㄹ]
안전 벨트 매세요.	Fasten your seat belt. [프헤슨 유어 씨잍 베얼ㅌ]
안전 벨트 못 찾겠어요.	I can't find my seat belt. [아이 캐애앤ㅌ 프하인ㄷ 마이 씨잍 베얼ㅌ]

2 공항

● 필수 어휘

01	여권 passport [패스포올ㅌ]
02	티켓 ticket [티킷]
03	비행기 flight [플라잍]

04	번호 number [넘버ㄹ]
05	현지 local [로커어ㄹ]
06	관광 sightseeing [싸잍씽]

07	오래 long [롱]
08	머물다 stay [스떼이]
09	일(날) day [데이]

10	호텔 hotel [호테어ㄹ]
11	창문 window [윈도우]
12	복도 aisle [아이어ㄹ]

13	자리 seat [씨잍]
14	목적 purpose [퍼ㄹ퍼스]
15	방문 visit [비지ㅌ]

16	출발 departure [디파ㄹ처]
17	도착 arrival [어롸이버ㄹ]
18	출입구 gate [게잍]

| 19 | 출구 exit [엑싵] |
| 20 | 수하물 baggage [배기쥐] |

● 필수 표현

당신의 방문 목적이 뭐죠?	What's the purpose of your visit? [왓츠더 퍼ㄹ퍼스 업 유어비지트]
관광하러 왔어요.	For sightseeing. [프홀 싸잍씽]
얼마나 오래 머물 겁니까?	How long will you stay? [하우롱 윌유 스떼이]
5일 동안이요.	For five days. [프홀 프화이브 데이즈]
출발 시간이 언제죠?	What's the departure time? [왓츠 더 디파ㄹ처 타임]
어디에 머물 겁니까?	Where will you stay? [웨어 윌유 스떼이]
켄트 호텔에요.	At Kent hotel. [앹 켄트 호테어ㄹ]
2번 탑승구가 어디죠?	Where's the boarding gate 2? [웨어즈 더 보어딩 게잍 투]
제 비행기 취소됐어요?	Is my flight cancelled? [이즈 마이 플라잇 캔스어ㄹ]
현지 시각으로 몇 시죠?	What's the local time? [왓츠 더 로커어ㄹ 타임]

부록_ 여행 영어 회화 225

3 쇼핑

● 필수 어휘

01 백화점 department store [디팥트먼트 스토어ㄹ]

02 쇼핑몰 shopping mall [쇼핑 모어ㄹ]

03 아울렛 outlet [아울레트]

04 기념품점 souvenir shop [슈버니어ㄹ 쇼ㅍ]

05 편의점 convenience shop [컨비녀ㄴㅅ 쇼ㅍ]

06 할인하다 discount [디스카운트]

07 좀 더 more [모어ㄹ]

08 비싼 expensive [익스펜시ㅂ]

09 달러 dollar [다알러ㄹ]

10 세일 sale [쎄이어ㄹ]

11 돕다 help [헤우ㅍ]

12 보는 중 looking [루킹]

13 더 큰 것 larger [라아저ㄹ]

14 더 작은 것 smaller [스모어러ㄹ]

15 입어 보다 try on [트롸이 언]

16 청바지 jeans [쥐인즈]

17 셔츠 shirt [셔어트]

18 치마 skirt [스커어트]

19 선물 gift [기프흐트]

20 피팅룸 fitting room [프히링 룸]

● 필수 표현

보기만 하는 중이에요.	Just looking. [저스트 루킹]
입어 볼 수 있나요?	Can I try on? [캐나이 트롸이언]
너무 비싸요.	Too expensive. [투 익ㅅ펜시ㅂ]
깎아 주세요.	Discount, please. [디스카운트 플리ㅈ]
30 달러로 해요, 알았죠?	30 dollars, OK? [써리 다아러ㄹ 오우케이]
청바지를 찾고 있어요.	I'm looking for jeans. [암 루킹 프홀 쥐인즈]
더 큰 걸로 주세요.	I want a larger one. [아이 원트 어 라아저ㄹ 원]
더 작은 걸로 주세요.	I want a smaller one. [아이 원트 어 스모어러ㄹ 원]
너무 커요.	It's too big. [잇츠 투 빅]
너무 작아요.	It's too small. [잇츠 투 스모어ㄹ]

부록_ 여행 영어 회화

4 식당

● 필수 어휘

| 01 | 메뉴
menu
[메뉴우] | 02 | 추천하다
recommend
[뤠커멘드] | 03 | 덜 구워진
rare
[뤠어ㄹ] |

01 **메뉴** menu [메뉴우]

02 **추천하다** recommend [뤠커멘드]

03 **덜 구워진** rare [뤠어ㄹ]

04 **보통** medium [미디엄]

05 **완전히 익힌** well done [웨어ㄹ던]

06 **주문** order [오러]

07 **에피타이저** appetizer [애피타이져]

08 **디저트** dessert [디절트]

09 **팁** tip [팁]

10 **추가** extra [엑ㅅ트롸]

11 **강아지 음식 봉지** doggy bag [도기 배ㄱ]

12 **네덜란드인** Dutch [덧취]

13 **분리된** separate [쎄퍼릿]

14 **계산서** check [췍]

15 **잔돈** change [췌인지]

16 **신용 카드** credit card [크뤠딭 카아르드]

17 **빨대** straw [스트뤄]

18 **냅킨** napkin [냅킨]

19 **이것** this [ð디ㅅ]

20 **그 밖의 것** anything else [에니θ씽 엘ㅅ]

228

● 필수 표현

이것은 뭔가요?	what's this? [왓츠 ð디ㅅ]
이걸로 먹겠습니다.	I'll have this. [아윌 해ㅂ ð디ㅅ]
그밖에 다른 것은요?	Anything else? [애니씽 엘ㅅ]
그게 전부입니다.	That's all. [댓츠 오어ㄹ]
주문할게요.	I'll order now. [아윌 오러 나우]
한국어 메뉴를 보여 주세요.	Korean menu, please. [커뤼언 메뉴우 플리ㅈ]
무엇을 추천해 줄 수 있나요?	What would you recommend? [왓 우쥬 뤠커멘ㄷ]
각자 냅시다.	Let's go Dutch. [렛츠 고우 덧춰]
따로 계산서 주세요.	Separate checks, please. [쎄퍼릿 첵ㅅ 플리ㅈ]
잔돈은 가지세요.	Keep the change. [킵 더 췌인지]

5 호텔

● 필수 어휘

01 모닝콜 wake up call [웨이컵 코어ㄹ]	02 수건 towel [타워어ㄹ]	03 다리미 iron [아이언]
04 헤어드라이기 hairdryer [헤어드롸이어ㄹ]	05 세탁 laundry [론드뤼]	06 서비스 service [써비ㅅ]
07 추운 cold [코얼ㄷ]	08 더운 hot [하ㅌ]	09 열쇠 key [키이]
10 잃어버렸다 lost [로스ㅌ]	11 인터넷 internet [이너넷]	12 아침 식사 breakfast [브뤸프허스ㅌ]
13 체크아웃 check out [췌ㅋ 아웃]	14 식당 restaurant [뤠스토란ㅌ]	15 방 room [룸]
16 로비 lobby [라비]	17 전망 view [뷰]	18 요금 charge [촤아ㄹ쥐]
19 택시 taxi [택씨]	20 공항 airport [애어포올ㅌ]	

● 필수 표현

7시에 모닝콜 해 주세요.	A wake up call at 7, please. [어 웨이컵 코어ㄹ 앹 세븐 플리ㅈ]
수건 두 개 더 주세요.	Two extra towels, please. [투 엑ㅅ트뤄 타월즈 플리ㅈ]
다리미 있습니까?	Do you have an iron? [두유해번아이언]
세탁 서비스가 있습니까?	Do you have a laundry service? [두유해버 론드뤼 써비ㅅ]
무료 인터넷이 있습니까?	Do you have a free internet? [두유 해버 프ㅎ리 이너넷]
아침 식사는 몇 시에 있나요?	What time's breakfast? [왓타임즈 브뤡프허스ㅌ]
체크아웃은 몇 시입니까?	When is check out time? [웬이즈 췌ㅋ아웃 타임]
방을 바꾸고 싶어요.	I'd like to change my room. [아이드 라익투 췌인지 마이 룸]
방 열쇠를 잃어버렸어요.	I lost my room key. [아이 로스ㅌ 마이 룸 키이]
바다 전망으로 주세요.	I want an ocean view. [아이 원ㅌ 언 오션 뷰]

부록_ 여행 영어 회화

6 관광

● 필수 어휘

01 지도 map [(음)매ㅍ]	02 최고의 장소 best place [베스트 플래이ㅅ]	03 열다 open [오우픈]
04 닫다 close [클로우ㅈ]	05 도시 city [씨리]	06 어른 adult [애더얼ㅌ]
07 아이들 children [췰드뤈]	08 요금 fee [프히이]	09 팜플렛 pamphlet [팸프ㅎ럴ㅌ]
10 일정 schedule [스케쥬어ㄹ]	11 관광 tour [투어ㄹ]	12 사진 picture [픽춰ㄹ]
13 찍다 take [테이ㅋ]	14 누르다 press [프레ㅅ]	15 입구 entrance [엔트뤈ㅅ]
16 시간표 time table [타임 테이브어ㄹ]	17 설명 explain [익ㅅ플레인]	18 통역 translation [트뤤스레이션]
19 공연 시간 show time [쑈우 타임]	20 매진 sold out [쏠다웃]	

● 필수 표현

지도 좀 가져가도 되나요?	Can I have a map? [캔 아이 해버 맵]
몇 시에 열어요?	What time do you open? [왓타임 두유 오우픈]
몇 시에 닫아요?	What time do you close? [왓타임 두유 클로우ㅈ]
시티 투어 하고 싶어요.	I'd like a city tour. [아이드 라이커 씨리 투어ㄹ]
이거 설명해 주세요.	Explain this. [익ㅅ프레인 ð디스]
사진 찍어도 되나요?	Can I take pictures? [캔 아이 테잌 픽춸ㅈ]
우리 사진 좀 찍어 주실래요?	Can you take a picture for us? [캔 유 테이커 픽춰ㄹ 프호러스]
우리 같이 찍을래요?	Can we take a picture together? [캔 위 테이커 픽춰ㄹ 투게ð더ㄹ]
여기만 누르시면 돼요.	Just press here. [쥬스ㅌ 프레ㅅ 히어ㄹ]
요금이 얼마죠?	How much is the fee? [하우 머취 이즈 더 프히이]

7 교통

● 필수 어휘

01	지하철 subway [써브웨이]	02	역 station [스떼이션]	03	부스 booth [부우θ쓰]
04	정거장 stop [스따프]	05	~까지 till [티어ㄹ]	06	떨어뜨리다 drop [드랍]
07	떨어진 off [아프ㅎ]	08	(택시, 버스) 요금 fare [프헤어]	09	반대쪽 other side [아ð더 싸이드]
10	더 빨리 faster [프헤스터ㄹ]	11	버스 bus [버ㅅ]	12	터미널 terminal [터미너어ㄹ]
13	시내 downtown [다운타운]	14	내리다 get off [게로프ㅎ]	15	주소 address [어듀뤠스]
16	환승 transfer [트렌스프허ㄹ]	17	트렁크 trunk [트뤈크]	18	~행 버스 bus for [버ㅅ 프홀]
19	현금 cash [캐쉬]	20	신용 카드 credit card [크레딭 카알드]		

● 필수 표현

가까운 지하철역이 어디에요?	Where's the nearest subway station? [웨어즈 더 니어리스ㅌ 서브웨이 스떼이션]
매표소가 어디입니까?	Where is the ticket booth? [웨어 이즈 더 티켙 부우θ쓰]
5번 가까지 몇 정거장인가요?	How many stops till Fifth street? [하우 매니 스따ㅍ 티어ㄹ 프휘쓰 스트맅]
버스 터미널이 어디에요?	Where's bus terminal? [웨어즈 버ㅅ 터미너어ㄹ]
시내로 가나요?	Do you go downtown? [듀우 고우 다운타운]
시청에서 내려야 하는데요.	I need to get off at City Hall. [아이 닏투 게토프ㅎ 앹 씨리 호어ㄹ]
시청으로 가 주세요.	To City Hall. [투 씨리 호어ㄹ]
여기서 내려 주세요.	Drop me off here. [드롭미 아프ㅎ 히어ㄹ]
빨리 가 주세요.	Go faster, please. [고우 프헤스터ㄹ 플리ㅈ]
신용 카드 되나요?	Do you take credit card? [두유 테익 크레딭 카알ㄷ]

8 응급 상황

● 필수 어휘

| 01 | 부르다 call [커어ㄹ] | 02 | 의사 doctor [닥터ㄹ] | 03 | 경찰 police [폴리스] |

04 병원 hospital [하스피러]
05 구급차 ambulance [앰블런ㅅ]
06 설사 diarrhea [다이어리아]

07 화상 burn [버언]
08 두통 headache [헤레이ㅋ]
09 배탈 stomachache [스토머에이ㅋ]

10 열 fever [ㅍ히버ㄹ]
11 치통 toothache [투 θ스에이ㅋ]
12 베인 상처 cut [컽]

13 부상 injury [인줘뤼]
14 희생자 victim [빅텀]
15 소매치기 pickpocket [픽포켓]

16 지갑 wallet [월릿]
17 공정한 fair [프헤어ㄹ]
18 대사관 embassy [엠버씨]

19 영사관 consulate [칸썰릿]
20 분실물 센터 lost and found [로스텐 프하운드]

● 필수 표현

경찰 불러 주세요.	Call the police, please [코어ㄹ 더 폴리스 플리ㅈ]
의사 불러 주세요.	Call a doctor, please [코어러 닥터ㄹ 플리ㅈ]
제발 도와 주세요.	Help me, please. [헤어ㅍ 미 플리ㅈ]
저를 병원에 데려다 주세요.	Take me a hospital. [테잌 미 하스피럴]
공정하지 못해요.	It's not fair. [잇츠 낫 프헤어ㄹ]
머리가 아파요.	I have headache. [아이 햅 헤레이ㅋ]
배가 아파요.	I have stomachache. [아이 햅 스토먹에이ㅋ]
열이 있어요.	I have a fever. [아이 해버 프히버ㄹ]
한국 대사관에 전화하고 싶어요.	I want to call the Korean embassy. [아이원투 커어ㄹ 더 커뤼언 엠버씨]
분실물 센터가 어디죠?	Where's the lost and found? [웨어즈 더 로스텐 프하운드]

여행 한영 사전

ㄱ

- 강아지 음식 봉지   doggybag [도기배ㄱ]
- 경찰   police [폴리스]
- 계산서   check [쳌]
- 공연 시간   show time [쑈우 타임]
- 공정한   fair [프헤어ㄹ]
- 공항   airport [애어포올ㅌ]
- 관광   sightseeing [싸잍씽] / tour [투어ㄹ]
- 구급차   ambulance [앰블런ㅅ]
- 그 밖의 것   anything else [에니θ씽 엘ㅅ]
- 기념품점   souvenir shop [슈버니어ㄹ 쇼ㅍ]
- 기차   train [트뤠인]
- ~까지   till [티어ㄹ]

ㄴ

- 내리다   get off [게로프ㅎ]
- 냅킨   napkin [냅킨]
- 네덜란드인   Dutch [덧취]
- 누르다   press [프레ㅅ]

ㄷ

- 다리미   iron [아이언]
- 닫다   close [클로우ㅈ]
- 달러   dollar [다알러ㄹ]
- 닭고기   chicken [취킨]
- 담요   blanket [블랑킽]
- 대사관   embassy [엠버씨]
- 더 빨리   faster [ㅍ헤스터ㄹ]
- 더운   hot [하ㅌ]
- 더 작은 것   smaller [스모어러ㄹ]
- 더 큰 것   larger [라아저ㄹ]
- 도시   city [씨리]
- 도착   arrival [어롸이버ㄹ]
- 돕다   help [헤어ㅍ]
- 두통   headache [헤레이ㅋ]
- 디저트   dessert [디절ㅌ]
- 떨어진   off [아프ㅎ]
- 떨어뜨리다   drop [드랍]

ㄹ

- 로비   lobby [라비]

ㅁ

- 마실 것   drink [드륀크]
- 매진   sold out [쏠다웃]
- 맥주   beer [비어ㄹ]
- 머물다   stay [스떼이]
- 메뉴   menu [메뉴우]

- ☐ 면세품 — tax-free goods [택스 프ㅎ리 굳ㅈ]
- ☐ 모닝콜 — wake up call [웨이컵 코어ㄹ]
- ☐ 목적 — purpose [퍼ㄹ퍼스]
- ☐ 물 — water [워러]

ㅂ

- ☐ 반대쪽 — other side [아ð더 싸이드]
- ☐ 방 — room [룸]
- ☐ 방문 — visit [비지ㅌ]
- ☐ 배탈 — stomachache [스토머에이ㅋ]
- ☐ 백화점 — department store [디팥ㅌ먼ㅌ 스토어ㄹ]
- ☐ 버스 — bus [버ㅅ]
- ☐ 번호 — number [넘버ㄹ]
- ☐ 베개 — pillow [필로우]
- ☐ 베인 상처 — cut [컽]
- ☐ 병원 — hospital [하스피러ㄹ]
- ☐ 보는 중 — looking [루킹]
- ☐ 보통 — medium [미디엄]
- ☐ 복도 — aisle [아이어ㄹ]
- ☐ 부르다 — call [커어ㄹ]
- ☐ 부상 — injury [인줘뤼]
- ☐ 부스 — booth [부우θ쓰]
- ☐ 분리된 — separate [쎄퍼렅]
- ☐ 분실물 센터 — lost and found [로스텐 프하운드]

- ☐ 불 — light [라잍]
- ☐ 비싼 — expensive [익스펜시브]
- ☐ 비행기 — flight [플라잍]
- ☐ 빨대 — straw [스트뤄]

ㅅ

- ☐ 사진 — picture [픽춰ㄹ]
- ☐ 덜 구워진 — rare [뤠어ㄹ]
- ☐ 서비스 — service [써비스]
- ☐ 선물 — gift [기프ㅎㅌ]
- ☐ 설명 — explain [익ㅅ플레인]
- ☐ 설사 — diarrhea [다이어리아]
- ☐ 세일 — sale [쎄이어ㄹ]
- ☐ 세탁 — laundry [론드뤼]
- ☐ 셔츠 — shirt [셔어ㅌ]
- ☐ 소고기 — beef [비프ㅎ]
- ☐ 소매치기 — pickpocket [픽포켓]
- ☐ 쇼핑몰 — shopping mall [솨핑 모어ㄹ]
- ☐ 수건 — towel [타워어ㄹ]
- ☐ 수하물 — baggage [배기쥐]
- ☐ 슬리퍼 — slippers [슬리펄ㅈ]
- ☐ 시간표 — time table [타임 테이브어ㄹ]
- ☐ 시내 — downtown [다운타운]
- ☐ 식당 — restaurant [뤠스토란ㅌ]
- ☐ 식사 — meal [미어ㄹ]

☐ 신문	newspaper [누즈페이퍼ㄹ]	☐ 인터넷	internet [이너넷]
☐ 신용 카드	credit card [크뤠딭 카아ㄹ드]	☐ 일(날)	day [데이]
		☐ 일정	schedule [스케쥬어ㄹ]
		☐ 잃어버렸다	lost [로스ㅌ]
ㅇ		☐ 입구	entrance [엔트뤈ㅅ]
☐ 아울렛	outlet [아울레ㅌ]	☐ 입어 보다	try on [트롸이 언]
☐ 아이들	children [췰드뤈]		
☐ 아침 식사	breakfast [브뤡프허스ㅌ]	**ㅈ**	
☐ 안전 벨트	seat belt [씨읕 베얼ㅌ]	☐ 자리	seat [씨읕]
☐ 어른	adult [애더얼ㅌ]	☐ 잔돈	change [췌인지]
☐ 에피타이저	appetizer [애피타이져]	☐ 잡지	magazine [메거지~인]
		☐ 전망	view [뷰]
☐ 여권	passport [패스포올ㅌ]	☐ 정거장	stop [스따ㅍ]
☐ 역	station [스떼이션]	☐ 좀더	more [모어ㄹ]
☐ 열	fever [ㅍ히버ㄹ]	☐ 주문	order [오러]
☐ 열다	open [오우픈]	☐ 주소	address [어듀뤠ㅅ]
☐ 열쇠	key [키이]	☐ 주스	juice [쥬우ㅅ]
☐ 영사관	consulate [칸썰릿]	☐ 지갑	wallet [월릿]
☐ 오래	long [롱]	☐ 지도	map [(음)매ㅍ]
☐ 완전히 익힌	well done [웨어ㄹ던]	☐ 지하철	subway [써브웨이]
☐ 요금(서비스 요금)	charge [촤아ㄹ쥐]	☐ 찍다	take [테이ㅋ]
	cf. fee [프히이] 입장료, 서비스 요금	**ㅊ**	
	fare [프헤어] 택시, 버스 요금	☐ 차	tea [티이]
☐ 의사	doctor [닥터ㄹ]	☐ 창문	window [윈도우]
☐ 이것	this [ð디ㅅ]	☐ 청바지	jeans [쥐인즈]
		☐ 체크아웃	check out [췌ㅋ 아웃]

☐ 최고의 장소	best place [베스ㅌ 플래이ㅅ]	☐ 포도주	wine [와인]
☐ 추가	extra [엑ㅅ트롸]	☐ 피팅룸	fitting room [프히링 룸]
☐ 추운	cold [코얼ㄷ]		
☐ 추천하다	recommend [뤠커멘ㄷ]	**ㅎ**	
☐ 출구	exit [엑싵]	☐ 할인하다	discount [디스카운ㅌ]
☐ 출발	departure [디파ㄹ처]	☐ ~행 버스	bus for [버ㅅ 프홀]
☐ 출입구	gate [게잍]	☐ 헤드폰	headset [헤ㄷ셋]
☐ 치마	skirt [스커어ㅌ]	☐ 헤어 드라이기	hairdryer [헤어드라이어ㄹ]
☐ 치통	toothache [투θ스에이ㅋ]	☐ 현금	cash [캐쉬]
		☐ 현지	local [로커어ㄹ]
ㅋ		☐ 호텔	hotel [호테어ㄹ]
☐ 카드	card [카아ㄷ]	☐ 화상	burn [버언]
☐ 커피	coffee [카프히]	☐ 환승	transfer [트뢘스프허ㄹ]
		☐ 희생자	victim [빅텀]
ㅌ			
☐ 택시	taxi [택씨]		
☐ 터미널	terminal [터미너어ㄹ]		
☐ 통역	translation [트뢘스레이션]		
☐ 트렁크	trunk [트뤙ㅋ]		
☐ 티켓	ticket [티킷]		
☐ 팁	tip [팁]		
ㅍ			
☐ 팜플렛	pamphlet [팸프ㅎ럳]		
☐ 편의점	convenience shop [컨비년ㅅ 쇼ㅍ]		

착! 붙는
영어
독학 다시 시작하기

초판 인쇄	2024년 10월 4일
초판 발행	2024년 10월 10일
저자	한동오
편집	권이준, 김아영
펴낸이	엄태상
디자인	권진희, 이건화
표지 일러스트	eteecy
조판	이서영
콘텐츠 제작	김선웅, 장형진
마케팅	이승욱, 왕성석, 노원준, 조성민, 이선민
경영기획	조성근, 최성훈, 김다미, 최수진, 오희연
물류	정종진, 윤덕현, 신승진, 구윤주
펴낸곳	시사북스
주소	서울시 종로구 자하문로 300 시사빌딩
주문 및 교재 문의	1588-1582
팩스	0502-989-9592
홈페이지	http://www.sisabooks.com
이메일	book_english@sisadream.com
등록일자	1977년 12월 24일
등록번호	제300-2014-92호

ISBN 978-89-402-9419-2 13740

* 이 책의 내용을 사전 허가 없이 전재하거나 복제할 경우 법적인 제재를 받게 됨을 알려 드립니다.
* 잘못된 책은 구입하신 서점에서 교환해 드립니다.
* 정가는 표지에 표시되어 있습니다.